1億
「総おひとりさま時代」を
生き抜くヒント

あなたが独《ひと》りで倒れて困ること30

太田垣章子（司法書士）

ポプラ社

■はじめに■

あなたは、自分が高齢者になった時をイメージできますか？

自分が意思決定できなくなる日のことを想像したことがありますか？

自分のパートナーが頼れなくなる時を想定していますか？

家族がいても「1億総おひとりさま時代」に生きていることを認識していますか？


私は司法書士として、住まいを中心に生活が立ち行かなくなった高齢者のサポートを20年以上してきました。

そういった高齢者の方の中には、現役時代のままの高い家賃の住宅に住み続けて、滞納してしまう人がいます。高齢者は部屋を借りられないことを知らず、転居できなかったからです。最後まで自宅で過ごしたいと施設入所を拒んでいたら、ゴミ屋敷になってしまった人もいます。介護サービスの枠を超えてしまい、月に40万円以上の費用がかかってしまった人もいます。

それでも自宅が最適ですか？　家はあるけど、現金がなくて生活が苦しい人。家は売れても、賃貸が借りられなければどうしますか？　奥さんが先に認知症になったら、自分の入院手続きを誰がしてくれますか？

あげ出したらキリがありませんが、私が関わった人たちは全員が何も備えていませんでした。その結果、たくさんの人たちがサポートせざるを得ませんでした。

でもこの先は違います。少子高齢化で、サポートする人手が足りません。

今の高齢者と、現役世代が高齢者になる時代と、置かれる環境は全く違うことになります。これからは「1億総おひとりさま時代」を生き抜かねばならないのです。でも誰もそこに気が付いておらず、何も備えていません。これは大変なことになる……。そう懸念したからこそ、何を準備する必要があるのか、そのヒントをこの一冊にまとめました。

この問題の要因は、急速に高齢化が進む日本で、制度だけはまだ「呼べばすぐに駆けつけてくれる家族がいる」前提だからです。日本の制度は『サザエさん』のような「家族が支え合う」時代のままで、時が止まっています。ところが家族関係が希薄化してきたことに少子化も加わり、家族だけでは到底太刀打ちできなくなってしまったのが現実です。

介護離職からの貧困や、介護疲れからの殺人事件、ヤングケアラー問題、身元不明の火葬できないご遺体や、埋葬されることなく保管されている骨壺の数や無縁仏、さらに荒れ放題のお墓。驚くような報道が、連日のようにされています。それでもなお制度は「家族ありき」のままです。

ただ、行政も多少変わろうとしています。でももうそれが待てないくらい、現場は逼迫しているのです。


混乱の現場では、誰かが善意でサポートせざるを得ない状態です。

「自分の仕事ではないと分かっています。でもだからといって放置はできない」

そう言って身寄りのない高齢者の部屋に行き、熱中症にならないようエアコンをつけ、勝手に消さないようリモコンを持ち帰るケアマネジャー。時間外だからと、社用ではなく個人の携帯から連絡してくるケースワーカー。事故物件になって家主に迷惑をかけてはいけないと、毎日のように賃借人の様子を見に行き、誰もいないからと救急車に一緒にのってサポートしている福祉の人たち。

今の状況は本来の仕事ではない、彼らのシャドーワークで成り立っています。国は我慢強い、親切な善意ある人たちに頼りすぎています。でもそれでは、この先ダメなのです。

人の善意だけでは、追いつかなくなる日がすぐそこまで来ています。あと少しすれば、さらに働き手は減り、人手も足りなくなります。気持ちがあっても、手が回りません。それが「少子高齢化」の日本です。

そこにどれだけの人が、気付いているのでしょうか……。もはや備えている人しか対応してもらえない、そんな時代になります。善意に甘えてはいけないけれど、実際のところその善意の手は、確実に足りなくなります。

だからこそ何が問題で、何を決断する必要があるのか、どう備えるのか、そこに気が付いて欲しくて、この本に対策のポイントを詰め込みました。

人は意識なく生まれてきます。そして誰もが死に向かって生きています。人は必ず死にます。死ぬ時のことを考えることは、生きることを考えることでもあります。これは、決してマイナスなことではなく、むしろ前向きでワクワクすることです。

結婚していようとしていまいと、子どもがいようといまいと、パートナーがいようといまいと、そんなことは関係ありません。人生を楽しく生き抜くために、自分の人生を自分で決める。個々が自立する。そうあるべきだと、私は考えています。

本書がそういった問題に備えるきっかけとなり、最期まで人生を謳歌してくれる人が増えれば、これほど嬉しいことはありません。

なお本書に登場する事例は全て事実に基づいていますが、個人を特定できないように属性を変えたりしていることをお断りしておきます。

CONTENTS

［第4章］おひとりさまリスク――「家族の問題」

［序章］

あなたはどのタイプ？

人生は選択の連続といいますが、その選択の連続によって、老後の在り方も変わってきます。

ここでは、人生のタイプ別に、どんな最期が待っているかをご紹介していきます。以下にご紹介する5つのタイプとぴったり同じではなくても、あなたと似ているタイプがきっとあるはずです。自分の人生の始末をつけるのは、ご自身にほかなりません。ぜひ他人ごとではなく、「自分ごと」として考えてみてください。

type 1 生涯未婚の独身貴族タイプ

結婚してしまうとお金と時間を自分のために使えない、という理由で独身を選択する人がいます。

令和の時代、既婚者のひと月のお小遣いは、いくらなのでしょうか。若い人だと数万円ってところでしょうか。そうなると確かに高額な費用がかかる趣味は、諦めざるを得ません。

たとえば、海に潜るスキューバダイビング。

ショップにより、差はあるでしょうが、日本なら1本潜るのに1万円前後かかります。1日3本潜れば、それだけで3万円超え。もちろん交通費に宿泊費もかかります。

バブル時代には、若者がわんさかと美しい海に殺到しましたが、今は若いダイバーが少なくなり、ショップもかなり閉鎖しています。楽しんでいるのは、当時を経験した中高年の独身者が多いとのこと。今の日本経済を物語っている気がします。

そして海といえば山。

今は、空前の山登り（歩き）ブームです。「山ガール」なる呼称も生まれました。

おしゃれなウェアやグッズも、たくさん開発されています。

こちらは靴やザックなど一式揃えれば、その後は山に登る度の交通費だけで楽しめます。マリンスポーツより費用がかからないことが、ブームを支える理由のひとつであることは間違いありません。

都会には人工的な楽しさを享受できる施設がいっぱいありますが、そういうところばかりに行っていると疲弊してきます。山登りは、そんな疲れた現代人の心を、緑の樹木が癒してくれますし、それと同時に登り切った達成感を味わえるので人気となるのでしょう。

このように海と山でできる代表的な趣味を比べただけでも、日本人はお金がかからない方向に傾いていることが分かります。その中で費用のかかる結婚や子育てを避けたい、と思ったとしても誰も何も言えませんよね。

私の周りでも、実家に住み、趣味を謳歌している独身者はたくさんいます。収入の大半を自由に使えるのですから、窮屈な結婚に意味を見出せないというのも分からなくはありません。

ただ問題なのは、彼らは家族以外の人間関係が希薄だということです。


若い頃には、そんな人間関係など「必要ない」と言えるのかもしれませんが、高齢者になった時に大丈夫なのでしょうか。

子育てなどでお金や時間に追われる生活をしている同世代の人たちと、独身で自由でいられる人とが疎遠になるのはある程度仕方がないことだとは思います。

ただそういった独身の人たちが中高年になった頃には、親もいなくなっているかもしれません。もしかしたら同居しているが故に、親の介護のために離職して、人生設計が狂ってしまうこともあるでしょう。


こういった独身の人たちも、人生を謳歌するのと並行して、自分の老後のために備えをしていれば大丈夫です。でも、そんな用意周到な人は、少ないと思います。

そうなると親が亡くなり、自分も衰え始めた時、誰がサポートしてくれるのでしょうか。

「人に迷惑をかけたくない」と言っても、どんな人も誰かを頼らざるを得なくなる時が来るのです。その時のことを想定して備えておかなければ、事が起これば たちまち立ち行かなくなります。

倒れた時、誰が気付いてくれるのか、入院の時、誰が手続きをしてくれるのか、身元保証人には誰がなってくれるのか……。挙げだしたらキリがありません。

「今を楽しんだ代償」「そうなるのは仕方ない」などと簡単に片づけるのではなく、一日も早く備えをしていきましょう。

type 2
離婚からの悠々自適タイプ

26歳の時に結婚して子どもを授かったけれど、離婚してから一度も会っていないという省吾さん（仮名・71歳）。40年前は離婚も今ほど多くなく、面接交渉権という言葉も省吾さんは知りませんでした。

「子どもは女の子だしね。子どもと会ったところで、どうしていいか分からないから、会えなくても辛さはなかったね」

もし面接交渉権について知っていたとしても、面接は求めなそうです。養育費を払っていないばつの悪さもあったかもしれません。

養育費を支払ってこなかったのは、別れた奥さんにお金を渡すのが癪に障ったからだとも言います。養育費は娘のためだと頭では分かりつつ、別れた時はまだ娘は3歳。お金は当然ながら元の奥さんが引き出して使うわけですが、そもそも信用できないような相手だから離婚したわけです。養育費を払っても娘のためではなく、自分のために使うのでは？　と抵抗がありました。

「まぁ、いろいろ屁理屈言っているけど、結局はお金を自由に自分が使いたいだけの言い訳だな」

そう苦笑いする省吾さんの顔には、後悔の念は感じられませんでした。

離婚してからは娘と一度も会わず、結婚に夢も抱けずひとりで独身を楽しんできました。今さら町ですれ違ったとしても、大きくなった自分の娘と気が付くはずもなく、自分に娘がいることを半ば忘れているくらいでした。

そんな省吾さんに異変が生じたのは、半年前のこと。体が重く息切れするようになりました。長年たばこを吸っていたからでしょうか。ちょっと動くと、苦しくなります。

病院での検査から、肺がんであることが判明。かなり進行していたので、もう積極的な治療は望みませんでした。治療にお金をかけたところで、元の生活に戻れる訳でなく、ぎりぎりまで自由気ままに生活したいと思ったからです。

でもその決断には、切実な問題も秘められていました。

「入院するのに、身元保証人が必要って言われたんだよ」

独り身で刹那的に生きてきたので、第三者に身元保証人を頼めるほどの繋がりはありません。

「お子さんは？」

病院の事務局に聞かれて、言葉に詰まりました。

「何かあれば戸籍から親族の方にご連絡することになるので、予め教えていただけると助かります」

事務的に喋る担当者を前に、逃げるように省吾さんは病院を後にしました。

戸籍から娘に連絡が行く？　とんでもない。40年も会っていないし、今さら連絡なんて行ったら、本人にも母親にも何を言われるか分からない……。

自分が弱ることなんて、今まで考えたこともありませんでした。入院すらひとりでできないと知り、それからいろいろと探して私の元にこられたのです。

日本の戸籍制度は、秀逸です。何年経っても遡って元家族にたどり着くことができます。人はひとりでは、この世に生まれ落ちてきません。身寄りがないのは、親族はいるけど「頼れない」だけということがほとんどです。

人生の後半戦、「頼れなければ」さまざまなところで支障が生じ、そして「頼れない」親族に連絡がいくのです。

省吾さんは直前に気付き、まだ動けて備えることができました。

あなたは大丈夫ですか？

type 3

気が付いたらおひとりさまタイプ

独身の祥子さん（仮名・58歳）は、これまで真面目に生きてきました。

新卒で入社した商社では、経理部に所属。確実な仕事ぶりが評価されてきました。

プライベートな生活も、いたって堅実。生活費をできるだけ抑え、無駄な物は買いません。周りの女の子たちはランチに練り歩いても、祥子さんはお弁当を持参。そうやってコツコツと、お金を貯めてきました。

祥子さん自身、結婚願望がなかったわけではありません。むしろ良い人がいれば早く結婚して、子どもも産みたい、そう思っていました。

3歳年下の弟は社会人4年目で結婚して2人の子どもにも恵まれ、和やかに生活しているのを垣間見て、羨ましいとは感じていました。

甥っ子姪っ子を身近にしてプチママ気分も味わいましたが、彼らが少し成長してくると部活やら受験やらで会う機会が減ってしまうことも仕方がないこと。弟の奥さんも悪い人ではありませんが、やはり気を遣ってしまいます。

子どもが産みづらくなった年齢を迎える頃には、気持ちはかなり沈みがちになりました。婚活をしたこともありましたが結局続かず、さらに仕事に注力する毎日となっていきました。

そんな中で、想像もしていなかったコロナウイルス。仕事も、完全リモートの日々。誰とも喋ることなく、気分転換に外出する気にもなれず、気持ちはどんどん落ち込みます。ふと気が付けば、祥子さんには何気ない雑談をする友だちがいませんでした。これはコロナの事態となって、初めて気が付いたことです。今まで仕事にばかり目が向いていた毎日でした。ここからはもう少しプライベートで、人との繋がりを持って行こうと決めました。

リモートの生活が続く中で、祥子さんは自分の体重が減っていることに気が付きました。人の目がなくなって太ったという話はよく聞きますが、通勤で体を動かすこともなくなって、なぜ体重が減るのかしら……と不思議でしたが、そう言えば動いていないせいか、食べる量が自然と減っていたのかもしれません。ダイエットもなかなか成果が出なくなった年代だったので、出社した時には周りに驚いてもらえるかもしれないと少し嬉しい思いもしたのです。

ところがさらに食欲は減り、体重はまた減っています。さすがにおかしいと思い病院へ行こうと思いましたが、医療の現場はコロナで大変な状況。もうちょっと様子をみようと二の足を踏んでしまいました。

「すい臓がんです」

それから1ヶ月後、自分でも体調不良を感じ、ようやく病院を訪れ検査の結果で耳にした言葉です。しかもかなり広範囲に、転移しているとのこと。手術もできない状態でした。

「余命は半年です」

水の中で音だけがこぼこぼと遠くから聞こえているような感じでしたが、頭の中ですぐにその言葉を理解することはできないような衝撃でした。

事務局の方が、入院する際の手続きを説明してくれました。身元保証人がどうのこうの……。どのような役目かも分からず、家に戻って調べたほどです。それより入院したら、もうこの部屋には戻って来られないのでしょう……。質素な生活だったので物は少なめでしたが、今からこれを片付ける体力的な余裕もありません。かと言って暫く会っていない弟家族に、任せたくもありません。小さな頃にあんなに可愛がった甥っ子たちも、今では立派な社会人。忙しくしていることも、目に見えています。

病院の最後の支払いだって気がかりです。誰かにしてもらわねばなりません。使っていない銀行口座も、いくつかあります。解約して集約しておかなきゃ……。

人生で二度とない衝撃的な余命宣告をされたのに、「迷惑をかけたくない」ととても冷静な自分がいました。そしてその時にふと思ったのです。

私にはまだこうして、考えたり行動したりする時間もあるし、考えることのできる頭もある。でももし突然に意識不明の状態になるような病気や事故であったら、部屋も何もかもこのままの状態で、誰かに何とかしてもらわなければならない。

さまざまな片付けも、自分が死んでからのことも、誰にも何もお願いすることなく、突然、死に向かうこともある……。そう考えると、自分のおかれた状態はまだマシなのだと気が軽くなりました。

死ぬことなんてまだ先だと思っていたし、結婚せずにきたことも「たまたまそうなった」だけのこと。このような事態はいつか必ず来るのに、その「いつか」をまったくイメージしていませんでした。

せめて弟家族にだけは迷惑をかけたくない、そう思った祥子さんは身元保証会社に全てを委ねました。

財産管理や任意後見契約、死後事務委任契約も全て締結しました。弟家族に気を遣ってあれこれお願いするくらいなら、お金を払ってサポートしてもらおう。

親族には気を遣いたくないし、相手にも気を遣って欲しくない。気兼ねなく、愛情だけで繫がっていたい。お金は遺すことより、今の自分をケアしてくれるものに使おう。

人生最大に追い込まれながら冷静に考えている自分に驚くとともに、考えて決断できる自分が愛おしくなりました。

身元保証会社と契約できるのは、意思がはっきりしている人だけ。

「私はまだ幸運でした」

そう漏らした祥子さんは、その後、半年を少し過ぎた頃にひっそりと人生の幕を下ろしました。

type 4 おひとりさまから脱却タイプ

守さん（仮名・61歳）は、10年前、さまざまな婚活パーティや結婚相談所を利用して婚活をしました。その理由は、おひとりさまでは不安だったから。この先もっと年老いて病気になって、その時にひとりでいることが耐えられないと思ったからです。
50歳過ぎての婚活ですから、かなりの苦戦。守さんは、条件もかなり絞りました。もちろん可愛くて性格が良くて、尚且つ経済力のある女性ならパーフェクトです。でもそのような女性と、仲良くなれるほどの自分でもありません。
とりあえず元気そうな女性ならいいかな、その1点での婚活でした。

結婚相談所の後押しもあり、守さんは翌年には6歳年下の真由美さん（仮名）と結婚することができました。

介護離職して両親を支えた真由美さんは、些細なことでは驚かないほどの肝っ玉母さんのイメージ。長年の介護の末、二人を看取った人生では、きっと辛いこともあったでしょう。そんなことを微塵も見せないけれど、強さが前面に出るわけでもない。一緒にいて、とても落ち着くタイプの女性でした。

結婚生活ではお互いに些細なズレもありましたが、真由美さんの大らかな性格で楽しい毎日でもありました。ひとりじゃないって、こんなに心強いもの……。守さんは、頑張って婚活して良かったと心から感じていました。

そんな穏やかな日々に衝撃が走ったのは、結婚生活が5年目を迎えた頃。元気で毎日動き回っていた真由美さんが、頭が痛いと倒れてしまいました。すぐに救急車で運ばれましたが、病名はくも膜下出血。幸い一命は取り留めたものの、高次脳機能障害が残ってしまいました。

あんなに元気に過ごしていたのに、真由美さんが倒れてしまったことで、穏やかな日常が一瞬で崩れ落ちてしまいました。

守さんは、献身的に真由美さんをサポートしました。結婚生活はまだ5年と短いものですが、何せこれまで真由美さんに支えてもらってきたので、今度は心から彼女を支えたいと思えたのです。周囲には心無いことを言う人もいましたが、真由美さんとの結婚は、守さんにとって後悔するようなことではありませんでした。

ただふと不安になりました。

結婚すれば、おひとりさまではなくなる。そう思い込んでいましたが、夫婦になったとしても二人が同時に亡くなる可能性は低く、どちらかが先に亡くなる、あるいは判断能力がなくなれば、その瞬間からおひとりさまになる……。そこに守さんは気付いたのです。

二人でいても、結局のところ「おひとりさま」なんだ……。そんな当たり前のことに、今さらながらに気が付きました。自分は結婚さえすれば奥さんに看取られると思っていましたが、そんな保証はどこにもないのです。

いま自分に何かあれば、真由美さんはどうなるのだろう。そして自分のことは、誰がケアしてくれるのだろう。自分に万が一のことがあった時、真由美さんも自分も困らないようにしておかねばならない、そう気付けたことはある意味良かったとすら思えてきたのです。

type 5

子どもに依存タイプ

自分の最期は、子どもに面倒を見てもらおう、そう考える人は本当に多いものです。今の高齢者の大半は、そう考えているのではないでしょうか。

日本は長い間、個人より「家」を重んじてきました。その名残が、結婚式の式場の表記です。二人の名前より、○○家の……となっていることが多いものです。家がなんとかする、家族がなんとかする、そんな根深いものがあるように感じます。

特に殿方（失礼！）は、自分の世話は家族がしてくれると思う傾向が、女性より強い気がします。そして自分が認知症になる、死ぬということを考えることにも蓋をしようとします。そういう話をし出すと、怒り出してしまう、ということもよくあるのです。

ところが、そういう世代が面倒を見て欲しいと思っている自身のお子さんたち、つまり今の子育て世代は、本当に大変です。

給与は平成になって横ばい。一方で住宅費や教育費は高騰し、雇用だって不安定です。これでは、実質給与が下がっているのと同じです。退職金や年金も当てにできず「老後2000万円問題」も勃発しました。

こうなると子ども世代は、自分たちが生きることに必死で、親を介護する余裕なんてありません。介護離職なんてしようものなら、たちまち経済的に立ち行かなくなります。

しかも最近は、子どもの人数が少なくなっています。子どもが親の面倒を見ていた時代は、兄弟姉妹の人数も今より多かったはずです。交代で見られたのが、今やひとりの子どもの負担が多くなって、無理が生じてきています。

さらには世間一般的に、共働きが増え、専業主婦はかなり少なくなりました。長男の嫁が専業主婦で、親の面倒を見る、そんな時代ではありません。

今は夫婦共働きで忙しく、子育ても大変、さらに親のことって、誰が考えても簡単なことではないと分かりますよね？


「自分たちの時代は……」

そんなこと言わないでください。少子高齢化というのは、こういうことなのです。

子どもに直接面倒を見てもらう、そんな幻想はいますぐ捨てましょう。数億円を子どもに残してあげられるならまだ話は別ですが、今の時代、自分のことは自分で責任を持つことが必要なのです。


たまに「あいつ（息子）はアテにならない」そうぼやく親世代がいます。そんな方は、偉いです（笑）！　息子さんの性格や状況を、冷静に分析しているのですから。でも、ぼやいていても仕方ありません。それなら、息子さんを頼らない代わりに、誰（どこの会社）に自分で判断できなくなった時のことを「託す」かを決めておきませんか。

いつまでも『サザエさん』の時代を基準にするのは、止めましょう。あれはもはや日本昔話のひとつになりつつあります。

子どもがいても、子どもを頼らずに、自分の最期に責任を持つ。これが今の時代に必要なことに、いち早く気が付きましょう。

法定後見と任意後見の違い

おすすめは
コチラ！

	法定後見	任意後見
根拠となる法律	民法	任意後見契約法
利用開始時の目安	判断能力が低下したら	判断能力がある
支援内容への本人の意思は	反映されない	反映される（自由）
後見の始め方	家庭裁判所に申し立てる	公正証書で契約書を作成し、家庭裁判所に申し立てる
法律行為の取消権は	ある	ない
後見人の選び方	家庭裁判所が選任する	本人が決める
後見人のもつ権限	包括的、広範囲	契約内容による
後見人の報酬は	家庭裁判所が決める	契約で決める

※任意後見は、自分の判断能力のある時に自由に決められるので、法定後見と違って、自分の希望をそのまま実現することができます。

[第 1 章]

おひとりさまリスク

お金の問題

case
1

自分が倒れたあとのお金のことなんか考えたことがありませんでした……。

「頼れるお金が自由に使えるのはぴんぴんしている間だけ」

一生懸命にお金を貯めて来て、そのお金が自由に使えなくなるだなんて、考えたこともないと思います。誰だって、今の元気な自分を基準に考えますよね？

でもちょっと待って。

死ぬ寸前まで、自分の足で銀行に行けるとか、頭がはっきりしている人なんて、そんな方がもしいらっしゃるなら私がお会いしてみたい！　多くの方々が、判断能力が鈍ってきたり、自分では銀行に行けなくなってしまいます。

そう、それが当たり前の世界なのです。でも多くの方々は、その「ほぼあり得ない」将来を想定して生きています。

以前は親の預金口座から子どもが代わりに預金を引き出したりもできましたが、

今や本当に厳しくなってしまったのが「本人の意思の有無」で、**これがとても重要視されるのです。**

それはそれで勝手に使われないというメリットもある反面、親族であっても、自由に預金の出し入れができなくなってしまいました。

そうなると、どうなるのでしょうか。

金融機関は名義人が認知症になったと分かった段階で、口座をブロックしてしまいます。**つまりその口座のお金は、もう使えなくなるのです。**

「親が施設に入ることになって、そのお金を親の口座から使いたいんです。だって親のために使うのですから！　自分たちが勝手に遊ぶお金じゃありません。それでもダメなんですか？」

そんな状況に置かれて、困ったご家族の口から、半ば憤りにも似た、そしてすがるような思いがこぼれます。

でもダメなんです……。

ご本人の意思が確認できなければ、お亡くなりになるまでご家族がその費用を立て替えるか、法定後見制度を利用するしかなくなってしまいます。それなのに未だに自分は「ボケない、死なない」と備えることを先延ばしにしている人が後を絶ちません。

子育てと違い、ゴールがいつか分からないのが、この問題の難しいところ。だからこそ、**自分のお金を、自分のために、きちんと使えるようにしておく必要がある**のです。

ここでひとつ、簡単にできる方法をお伝えしましょう。

それが**「代理人指定制度」**です。各金融機関で呼び方は違うでしょうが、自身の口座に関して代理人を決めておくことができるという制度です。

この代理人を決めておけば、自分で銀行に行けなくなった等の場合には、予め決めておいた代理人が本人の口座から出金をすることができます。

ただこの制度、残念ながら、万能ではありません。

通常、指定できる代理人は、2親等や3親等内の親族に限られます。そうなると「頼れる家族がいる」ことが前提になってしまうのです。2親等といえば親子や夫婦、兄弟の間なので、甥っ子、姪っ子を頼ることもできません。当然にして「頼れる家族」がいなければ、この手続きさえも利用できないのです。

さらに利用できたとしても、出金額が多かったり、長期になると、金融機関側から正式な「成年後見制度」を利用するよう促されることもあります。短期間なら良いのでしょうが、何年もとなると、延々と口座からお金が引き出されることに金融機関も不安を感じるのでしょう。

こうなるとせっかく節約して貯めたお金も、**自分の最期まで自分の思うように使**

えない、ということになってしまいます。

ぴんぴんころりなら、上等です。でも確率的には、宝くじに当選するくらいのレベルです。

そうならなかったとしても、自分のお金を自分のために使えるように備えることが必要です。**せっかく貯めたお金は、相続人を豊かにするためではなく、ご自身のために有意義に使いましょう。**

◎まとめ◎

自分の貯めたお金は最期まで自分のために使えるようにしておきましょう！

case
2

認知症になってしまうと誰がお金の管理をするの？

「自分のお金の管理は自分でできなくなります」

5人に1人が認知症になってしまうといわれているのが、日本の長寿社会です。

それなのに日本人の大半は、自身が認知症になった時の備えをしていません。

「自分に限って大丈夫……」と思っているのでしょうか？

私のもとに、ご相談に来られた山中さん（仮名・73歳）。

認知症で施設に入所してしまった奥さんの銀行口座から、お金を引き出したいと悩んでいました。

専業主婦の奥さんの口座。いったいいくら入っているのでしょうか。

「だいたい80万円くらいですかね……」

これ以外、奥さん個人に資産はありません。
既に認知症になってしまって、もはや奥さんの意思を確認できる術がなくなってしまった今、奥さんの資産を使うには、**法定後見制度を利用するしかありません。**

裁判所に、法定後見の申し立てをすると、後見候補人がそのまま選ばれることもありますが、親族の意思にかかわらず弁護士、司法書士等が選任されることもあります。そしてその**法定後見人が、奥さんの口座のお金を、奥さんのために使用していく**ことになります。

基本、親族の思いは反映されません。後見人がご本人のことだけを考えて、ご本人のお金を使っていきます。

もし山中さんが後見人に選任された場合、毎年奥さんのお金に関する出納帳のようなものを裁判所に出さなければなりません。実は、法定後見制度は、**後見人にとっての負担も大きいので、諸手を挙げて賛成することはできない制度**です。どうしても制度を利用するしかない、そんな時に仕方なく使う制度と思ってください。

だからちょっと待って。

80万円を使うためだけに、わざわざ法定後見制度を利用する必要があるのでしょうか？

「別に妻の口座を使わなくても、施設の費用は払っていけます」

山中さんの場合、奥さんは専業主婦で、家庭の経済は全て山中さんのお金で賄ってきています。それならば、「奥さんの使っていない口座にお金が残っていることが気持ち悪い」だけで、そのお金を使わなくても生活に支障はありません。

それよりももっと重要なことは、**山中さんご自身のこと**です。

奥さんがお亡くなりになるまで、山中さん自身が健康で頭もはっきりしているという保証はどこにもありません。

もし山中さんが入院するようになった時、誰が入院手続きをしてくれますか？

もはや奥さんを頼ることはできません。

もし山中さんの意思が怪しくなった時、誰が奥さんの施設の費用を払うのですか？　全ての会計を山中さんが担っているのですから、たちまち奥さんの施設はお金が払ってもらえなくなって困ります。

もし山中さんが先に亡くなってしまったら、誰が火葬の手続きをしてくれますか？　自分で棺に入ることもできないし、火葬のボタンを押すこともできません。ましてや遺された奥さんが亡くなった時、誰が手続きしてくれるのでしょう。


結婚していると、「相手がしてくれる」と安心してしまいますが、たとえ夫婦であったとしても、**片方が認知症になってしまったら、その瞬間から「おひとりさま」です**。夫婦が同時に亡くなることは少ないので、いつかは皆「おひとりさま」になってしまうのです。そのことに気付いていない人が、どれだけ多いことやら……。

「おひとりさま」＝結婚していない人ではないのですよ！

さらに山中さんご夫婦には、子どもがいません。

長年会ってもいない姪がいるだけです。彼女がどこに住んでいるか、どのような生活をしているかも知りません。

それでも万が一の時には、日本は戸籍制度があるので、姪っ子さんにたどり着くことができます。日本では親族の意思が尊重されるので、その姪っ子さんがいきなり判断していかねばならないことになります。

どこの施設に入所させるのか、医療をどこまで求めるのか、どのような埋葬をするのか等々、姪っ子さんからしても叔父夫婦の意思も分からないまま判断を迫られるのです。そのような状態は、**お互いにとって不幸なこと**と感じてしまうのは、私だけでしょうか。

もちろん亡くなる寸前まで、頭がはっきりしている方もいます。そんな奇跡的な人でも、自分の死後のことはできません。そして当然のことながら、自分で判断できなくなることの方が圧倒的に多いのです。その時のために、備えておきましょう。

認知症になってしまうと、残念ながら自身のお金を自由に使うことができなくなります。

「こんな施設に入所したいな」

「お金は、このことに使って欲しいな」

もしそんなことを考えていたとしても、備えておかないとただの妄想に終わってしまいます。

山中さんがすべきことは、奥さんの口座からお金を引き出すことではなく、ご自身に何かがあった時に、

- **奥さんの施設の費用がちゃんと支払われる**
- **奥さんに万が一のことがあっても誰かが対応してくれる**
- **自分の入院手続きや費用の支払いをしてくれる**
- **自分が死んだ時の対応をしてくれる**

まだまだありますが、まずは、このようなことに対して備えておくことが大切な

のです。

仮に子どもがいたとしても、親のお金を自由に使うことはできません。

自分で判断ができなくなってしまった後、自分の思いを叶えてくれるように備えておくことが大切なのです。

◎まとめ◎

自分が認知症になる！　ということを一度イメージしてみましょう

case
3

自分の老後に
いくらかかるか
分からないから
お金が使えないです……。

「分からないのは、生命保険や資産の管理、老後の生活設計をイメージしていないから」

高齢者の方とお話をしていると、「この先どれだけお金がかかるか分からないから、お金が好きなように使えないんだよね」と言います。

こういう方は、質素に生活をし、無駄なお金は使いません。

でも私からしたら、じゃ、一体いつ使うんだ？　と思ってしまいます。

不安なのは、知識がないからです。分からないから、もやもやする。ちゃんと**知識さえあれば、あとは具体的に考えられるので、不安はなくなるはず**です。

こういう人に限って、自分の使えるお金の管理ができていません。

たとえばどこの銀行にいくらの預金があって、どのような保険をかけていて、自宅を売却するとどれくらいの資産になって、どのような治療を受けようと思っているか、何も決めていません。

もし人生100年時代に備えると言うなら、70代と90代で使う金額は違うはずです。

アクティブシニア世代と言われる今の70代には、海外旅行に行く人もいるでしょうし、フランス料理だ肉料理だと美味しいものを食べたり、観劇やスポーツなど趣味にお金を使う人もいるでしょう。

でもいくら元気であったとしても、90代で海外旅行にたくさん行ける人は、少ないのではないでしょうか。食べるものだって、個人差もあるでしょうが、70代とは食べられるものも好みもきっと変わってきますよね？

だから仮に10年単位で考えたとしても、必要なお金は各世代での均等割りではないはずです。

分からないから不安なので、可視化することが重要です。

まずは使っている金融機関を、できるだけコンパクトにまとめましょう。そして保険も一度見直します。

ただし、先進医療部分の費用は高額療養費制度では戻ってきません。その上、高齢になった時に、そのような最先端の治療を受けるだけの体力があるでしょうか？

若い時は家族のためにも少しでも長生きしなければと思い、仮に辛くても治る可能性がある治療にかけるという考え方もあるでしょう。でも高齢の場合、そこまでの積極的な治療でどこまで回復するのでしょうか。

人それぞれの考え方もありますが、**本当に自分のかけている保険が必要かどうか、改めて健康で元気なうちに一度検討することも必要**だと思います。

金融機関や保険を整理した上で、自身の受給できる年金額を確認してみましょう。

毎年誕生月に、「ねんきん定期便」が送られてきます。それには50歳以上の場合、今と同じ条件で60歳まで働いて年金を納付したと仮定した時の、65歳から受給できる金額が記されています。

受給年齢が後ろ倒しになればなるほど、受け取れる年金の額は割増されます。そこを加味しながら、いくつまで働くのか、**年金で毎月いくら使えるのか把握していきましょう。**


そこまで分かれば、自身の総資産と生活スタイルから、70代ではいくら、80代ではいくらと具体的にかけられる費用が明確になっていきます。

足りないと思えば、副業をして収入を増やすとか、働く期間を長くするとか、節約するとか、住まいを売却してコンパクトにするとか、いろいろと方法や工夫は見えてくるはずです。


分からないから不安なんです。

でも不安だからとお金を使わないことにばかり注力していると、「亡くなった時がいちばんお金持ち」になってしまう可能性もあります。

日本人は貯めることは上手だけれど、お金を使うことは下手だと言われています。

せっかく生きているのですから、楽しまないともったいない。

そのためにも、自分の周りのいろいろなことを明確にして、今の元気な自分が楽しめるように計画を立てていきましょう。

◉まとめ◉

老後の資金も、明確にしていけば不安はなくなる

case
4

自分の死後のために
エンディングノートは
書いた方が
いいでしょうか？

エンディングノートは自分の頭の整理のためのもの

「終活」という言葉ほど、分かりにくいものはないと思います。

たとえば就活は、就職活動。婚活は、結婚するための活動。妊活は、妊娠するため。朝活は、朝の時間を自身のスキルアップや生活の充実のために使う活動のこと。では終活は？　となると、どうもはっきりした定義はなく、人それぞれ回答もバラバラです。

一般的に**「終活」とは、エンディングノートを書く、断捨離をする、お墓を準備する（埋葬のことを考える）という意見が圧倒的に多い**気がします。

それも間違いではないのでしょうが、私の考える「終活」は、自分が自分の意思で決定できなくなった時に、**誰にその意思決定をしてもらうか、それを決めてその人に託すこと**だと思っています。

一般の方々が考える「終活」のイメージとは、ずいぶん違うかもしれませんね。

話を戻して、**エンディングノートを書くということですが、これは頭の整理をするもの**、と考えてもらうのがいいと思います。

残念ながら、エンディングノートには法的拘束力はありません。そのためエンディングノートを書いたから遺言書を作らなくてもいい、公的な書面を準備しなくてもいいという考えは間違いです。

エンディングノートに、延命治療等に関する意思表示を記載したとしても、正式なものではないとして、医療の現場で尊重してもらえないことも多いと思います。

「エンディングノートさえ書けば、その内容を尊重してくれると思っていました」

そう驚かれる人もいるかもしれません。

確かに、エンディングノートに書かれていることは、書いた本人側から見れば、尊重されるべき内容のものです。エンディングノートを書くことで、気付きがもらえたり、判断するべきことは明確になります。

ただ**エンディングノートは日記帳のようなもの**なので、それから気が変わることもあるでしょう。もっと言えば、第三者からするとそれが本人の書いたものかどうかすら疑問なのです。だから私たちのような立場の人間からすれば、そこに書かれた内容について、慎重にならざるを得ません。

一方で公的な書面であれば、作成時に公証人等が意思を確認しているので、こちらも安心できます。

ではなぜエンディングノートは、ここまで普及したのでしょうか？

今や書店には、数多くのタイプが並んでいますし、100円ショップにも売っています。いつでもどこでも目にすることができます。

これは多くの方が、自分が高齢に差し掛かった時、何を決めて、何を書き出しておけば遺された人が困らないのか分からなかったところに、エンディングノートが登場したからだと思います。エンディングノートなら書き込みさえすれば、そういった疑問を解消してくれます。

さらには自分の人生を思い出すのにも、一役買っているに違いありません。万が一の時に知らせて欲しい人のリストなどは遺された人にとっても重宝なものです。

そして実際に、エンディングノートを書く時のポイントですが、そもそも**法的拘束力がないため、完璧を目指さなくてもいい**ということです。

たとえば今持っている金融機関の口座。

当然、金額などを書く必要はありません。ここでの利点は、普段使わない口座の洗い出しです。

高齢になってくると、複数の口座管理は難しくなってきます。書き出すことで解約すべき口座が明確になってくるので、若くて元気なうちに口座を整理して、メイン口座に集約していくようにしましょう。

また仮想通貨やネット証券などは、本当に大変。本人しか分からない資産となる可能性があります。

使っている口座に入出金があれば、そこから辿っていくことができるのですが、全てがネット上で、スマホの中だけで完結しているような場合には、正直本人にしか分からず、手がかりがなければ闇の中です。

以前、ご主人が倒れて意識不明になってしまった奥様が、相談に来られました。ご主人が資産の大半を仮想通貨等にしていて、そのことをご主人の友人から教えてもらったとのこと。てっきり資産は普通の金融機関にあると思っていたので、奥様は半ばパニック状態でした。

突然の病気で困惑している上に、家族を支えるお金が自分の理解できない仮想通貨になっている。しかもいくらあるのか、どこにあるのか、どうやったら使えるのかすら分かりません。それはパニックになっても仕方がありませんよね。

なんとかスマホのロック解除はできたけれど、画面にあるアプリに入るためのー

Dとパスワードで躓いてしまったようです。

　こうなってしまうと、法定後見制度を利用するしかなくなります。後見人になった弁護士がその後どのように解決されたのかは分かりませんが、もしどこかに記録を残していたり、その存在を家族に伝えていれば、違った結果になったかもしれません。

　今は通帳の要らない金融口座などは、全てWEB上、スマホひとつで完結できることが多くなりました。そしてその大半には、IDやパスワードが必要です。

　これもまたどこかに書き留めておかないと、若いうちは記憶できていても、高齢になるといずれ分からなくなってしまいます。セキュリティのこともあるでしょうが、**エンディングノートを含めてぜひどこかに記録しておきましょう。**

　そしてここまで書いたエンディングノートを、いったん貸金庫に入れてしまう人がいます。

万が一の時、貸金庫を開けるのは人が亡くなって一息ついた後です。だからそこに治療や葬儀に関することを書いていたとしても、エンディングノートが日の目を見る時には全て終わっていて、書いてあった意向を汲み取ることはできません。

エンディングノートは頭の整理用なので、書いた後、**大切なことは家族に思いを伝えたり、頼れる家族がいない場合には公的に備えることを考えましょう。**

◉まとめ◉

エンディングノートには法的効力はありません

case
5

クレジットカードで気をつけた方がいい盲点ってありますか？

「カードの更新時期やサブスクは見落としがちです」

皆さんは、普段クレジットカードを使われていますか？

具体的に何に使っていますか？　サクッと言えますか？　**明細書を隅から隅までチェックしていますか？**　意外と全部は覚えておらず、「あ、これもクレジットから支払われているんだ」と気付くことがあります。

菅井さん（仮名・78歳）は、ある日突然にスマホが使えなくなって驚きました。充電していなかった訳ではありません。お金はちゃんと持っているので、使用料未払いでストップしたという発想は全くなく、ただ機械の故障やトラブルしか思いつきませんでした。

今のご時世、スマホが使えないと、とても不便です。まずは通信事業者に連絡しようとしました。ところが電話番号が分かりません。それもそのはず、今は問い合わせの電話を可能な限り減らすために、各社はWEB上から確認してもらうよう電話番号は目立つところには明記していないからです。

案の定、菅井さんも探すのに苦戦しました。結局見つけられず、ショップへ行くことに。整理券を取って、長時間待って、ようやく順番が来ました。事情を話し、一緒にWEB上から作業してくれることになりました。そこでまた難関到来です。

「WEBの暗証番号をお願いします」

菅井さんの頭は、「?」マークだらけです。そのようなもの、覚えていません。暗証番号って、いつ誰が決めたのか、それすら覚えていないし分かりません。

困り切った菅井さんに、担当者も頭を抱えます。では電話番号から……とあれこれ対応してもらって、やっと原因が分かりました!

原因はクレジットカードでした。

クレジットカードは、一定期間で更新されます。カード払いにしている場合、カードが更新されても再登録しなくても大丈夫な場合と、そうでないケースがあります。たまたま菅井さんの場合、クレジットカードの有効期限が切れたので、新しく更新手続きをする必要があったのです。

そんなこととは思いもよらず、菅井さんは更新手続きをしていなかったため、通信費が支払われていない状態でした。おそらく督促状も来ていたはずなのですが、払えない可能性が自分の頭の中にはないことから、スルーしてしまったのでしょう。

これが50代なら更新手続きをサクッとしたり、督促状が届けば支払われていないことに気付いてすぐ対応できたでしょう。年齢にも幅があるとは思いますが、**高齢になると「若い時に普通にできていたことが、できなくなる」**のです。

またクレジットカードによる、サブスクリプション問題もいろいろあります。

子どもが高齢の親の家に行ったら、棚からたくさんの使っていない毛染め剤や毛生え薬が出てきた！　という話はよくあります。置いてある量からすると、相当な期間使わないまま送られ続けているようです。

「これ使っているの？」

そう聞いても、曖昧な笑顔しか返ってきません。使っていないなら解約をすれば済むことなのですが、解約の仕方が分からないと言います。

商品が送られてきた時の明細を探すと、やはり電話番号が書かれていません。何とかその商品の会社のＨＰ上から探していくと、購入ボタンは色がついていて大きいのに、解約手続きのことは小さくしか書かれていません。さらに1回分は止めることはできても、解約は電話でしかできないような設定になっていました。

やっと番号を入手したのでかけてみると、これまた延々と繋がりません。

「混みあっていますので……」というようなアナウンスが流れます。

こんな仕組みなら、高齢者はこれらの一連の流れのどこか途中で諦めてしまうのも無理はありません。そして、延々と使わない商品が送られてくるのでしょう。

毎回発注するのは面倒だし、自動で送られてきて、支払いもクレジット決済となれば、便利なのは分かります。でもこれが曲者です。

高齢になった時に、このようなことが起こらないように、**今利用しているサブスクを、いちど洗い出してみましょう**。そしてクリアな頭の間に、**解約手続き方法を確認しておく**ことをお勧めします。

◎まとめ◎

65歳を目途にクレジットカードで何を払っているかの見直しを

case 6

遺言書って
自分には
関係なさそうですが、
書く必要があるもの？

自分には関係ない、と誤解している人が大半

「遺言書」と言うと、うちには財産はないからとか、お金持ちの人たちに必要なものでしょう？　とよく言われます。でも司法書士の立場からすると、全国民の義務くらいに感じています。

特に子どもがいない夫婦や、離婚再婚で子どもがいる場合や未婚の人……いやいやいや、やっぱり全ての人に必要です。

遺言書といえばある程度高齢になって、そろそろ人生の終わりを感じ始めた頃に書く（作る）もの、と思うかもしれません。でも**若い世代でも、書くメリットはたくさんあります。**

たとえば夫婦と、未成年の子どもがいる世帯。

まだまだ現役世代でしょうから、遺言書が必要になる可能性はそう高くはありません。ただ万が一の時には、遺言書がないと面倒なのです。

子どもがいると、相続人は配偶者とその子どもたち。親や兄弟姉妹は関係ないので、遺言書がなくても楽勝だと思いがちですが、実は違います。

子どもが未成年でどちらかの親が亡くなった場合、遺された方の親が子どもを育てていくことになるので、相続もその親が受けるのが大半です。ただそうするためには法定相続分（配偶者が半分、半分を子どもたちが均等で）と異なることになるので、**財産の分け方を決めるために「遺産分割協議」が必要になります**。

ところが未成年者は、遺産分割協議ができません。そのため、子どもたちそれぞれのために、裁判所に特別代理人の選任申し立てをして、その子どもの代わりとなった特別代理人と遺産分割協議をすることになります。

この特別代理人は裁判所が選任すると、当然、費用がかかってしまうので、身内に依頼するのが一般的です。兄弟や従妹で頼みやすい人に、お願いすることになるのです。

ところがこれって、その方々に亡くなった人の財産が全部知られてしまうのですよね。それって抵抗ありませんか？

一方で「自分の財産は、全て配偶者に」という遺言書を作成し、遺言執行者を配偶者にしておけば、万が一の時の手続きは配偶者だけで簡易にできてしまいます。

これは遺された者からすると、愛を感じます、感じるはずです。

ただでさえ若くして配偶者に亡くなられたら、それはショックだし、世話しないといけない子どももいるし、いろいろ大変なことでしょう。

さらに裁判所への特別代理人選任申し立てを自分でやろうと前を向ける人って、そういないのでは？　と思います。そうすると司法書士や弁護士に依頼するしかなくなりますが、これも敷居が高いし面倒だし、費用もかかります。

そんな中で**遺言書があれば、「自分が困らないようにしてくれたんだな」と亡くなってからも惚れ直すこと間違いありません！**

遺言執行者が明記されていれば、金融機関の解約等も執行者が単独ですることができます。この遺言執行者は、別に専門家でなくても構いません。主に手続きをしてくれる（であろう）人を、夫婦で話し合って記しておきましょう。

次に「遺言書」でよく聞かれるのが、「自筆証書遺言」と「公正証書遺言」のどちらがいいか問題です。

個人的には、絶対に公正証書での遺言書をおすすめします。

その理由は2点。

まず大半を自書しなければならない自筆証書だと、遺言書としての不備が見つけられないということ。

遺言書は様式が決められていて、そこを外してしまうと無効になってしまいます。

自身で書いているだけだと、自分で様式間違いに気付くことができません。その点、公正証書の場合、公証人が書面を作成するので、そのような間違いが起こることはありません。

ネットや書籍で「遺言書の書き方」についての情報は出回っていますが、それとてあくまで例文です。本人も相続人も財産も違うわけですから、なかなかピタッとした例には当てはまりません。

「自筆証書遺言の書き方を教えてください」

そう聞かれることも多いのですが、一言で伝えられるものでもなく、こちらも回答に困ってしまうのです。

2点目は、遺言者が亡くなった時、自筆証書だと裁判所の検認手続きが必要になるということです。この手続きをしないと、遺言書そのものを有効として手続きすることはできません。

ところがこの検認手続き、裁判所が全相続人に対して「○月○日何時から検認手続きをするので」とアナウンスして呼び出します。仮に行かなかったとしても手続きは行われるのですが、立ち会った場合には、出席者に遺言書の内容はだだ漏れてしまいます。

たとえばお子さんがいない夫婦の場合には、配偶者と亡くなった者の親、もしくは兄弟姉妹が相続人になります。

配偶者の立場からすると、財産の詳細が亡くなった側の家族に知られてしまうのは、ストレス以外の何ものでもない気がしてなりません。

取り越し苦労かもしれませんが、特に亡くなった方が若かった場合などは、遺された配偶者の方が、ほかの相続人に「自分たちが家族であった歴史の方が長いのに、これだけの財産を配偶者が持っていくのか」と思われていないか、要らぬ心配を抱いてしまいます。

さらに検認手続きに先立って、**自筆証書遺言を見つけた時は、開封してはいけま**

せん！

裁判所の検認手続きの中で開封する、そう決められています。これに違反したからといって、即、遺言書が無効にはなりませんが、５万円以下の過料の対象となっています。

でもこのようなこと、一般的には知られていないと思います。誰だって、遺言書を見つけたら「何が書いてあるのか」興味津々で、すぐに開封してしまいますよね？だからやっぱり「自筆証書遺言」は、お勧めできないんです。

一方の公正証書での遺言書の場合には、検認手続きは不要です。開封云々の話もありません。全国の公証役場で、遺言書が作成されたかどうかの検索サービスもあります。

公証人が本人の意思を確認して作成するので、安心です。

「お金がかかるから」と言って、セコイことを考えるのは止めましょう。自分に万が一のことがあった時、遺された方が安心してストレスなく手続きできるのですから、必要な費用と割り切りましょう。

未成年者のいる世代だけでなく、**再婚して前妻との間に子どもがいる場合にも、遺言書は必須**です。

遺言書がなければ、いろんな感情を持った前妻の子どもと後妻が、遺産分けの話をしなければなりません。ちょっと想像しただけでも、怖いですよね……。

こんな例もあります。前妻に子どもが2人、後妻にも子どもが2人いるご主人が亡くなられました。後妻の陽子さん（仮名・65歳）が相談に来られたのですが、憔悴しきっていました。

何度となくご主人に「遺言書を書いて」とお願いしたけれど、そのたびに「困らないようにしている！」と声を荒らげられ、それ以上言えなかったとのこと。

子どもたち2人には、父親が再婚で、異母兄弟がいることも伝えていなかった中でのことです。

「困らないようにしている」という根拠を探そうと、部屋中探したところ、前妻との覚書が出てきました。

そこには「離婚につき財産分与をしたので、自分の相続の際には2人の子どもたちに一切の請求をさせない」と書かれており、前妻の署名押印がされています。

当時のことはもはや誰にも分かりませんが、亡くなったご主人はこれで全てが解決できると思っていたのでしょう。

でもこんな私文書、何の役にも立ちません。当然に前妻のお子さん2人にも、相続の権利はあるのです。

結局のところ、よく言われるところの〝争族〟となってしまいました。

「困らないようにしているって言ったのに」

奥さんの落胆ぶりは、大変なものでした。2人の子どもたちも、自分たちが異母兄弟の存在を知っていたら、何が何でも父親に遺言書を書いてもらうようにしたのに……と悔しがっていました。

このようにきちんと**遺言書を残していないと、さまざまな問題が生じる**のです。亡くなってから、家族に恨まれるのは、きっとあの世でも心苦しいでしょう。だからこそ、遺言書を残しておくのは、やっぱり全国民の義務なのです。

因みに公正証書の遺言書は、全国の公証役場で作ることができます。自身の住民登録地とか何か制限がある訳ではありません。長期バカンス中に、「作ろう!」と思ったら、わざわざ戻ってこなくてもその地でできます。

しかも公証役場に行けない場合には、公証人は出張して来てくれます。ただしこの場合には、住民登録地管轄の公証役場になるのでご容赦ください。

面倒だとか、まだ早いとか、自分には必要ないとか、いろいろ言い訳せずに、**遺された方への愛情として、遺言書はぜひ作成して欲しい**のです。

そして長生きすれば、財産や状況も変わるでしょうから、めでたくまた作成し直せばいいのです。そうしておけば、亡くなった後「ちゃんと考えてくれた」と遺された家族から、感謝されること間違いなしです！

◎まとめ◎

遺言書は「全国民の義務！」くらいに考えて、ぜひ作成しましょう！

case
7

自分が死んだ後の病院代や施設代の精算は誰がするの？

「頼れる人」がいない場合は大変なことになります！

1950年代の日本では、8割の高齢者は自宅で亡くなっていました。ところが今は、**同じ割合の方々が病院で亡くなっています**。ぎりぎりまで住み慣れた自宅にいたい、そう思う人が多いのに……。

これはいったいどうしたことでしょうか。

私の父方の祖母は、いまから50年ほど前に、自宅で亡くなりました。長い間、娘5人が代わる代わる交代で世話をしていました。もちろん息子の嫁も、同じように重要な役割を担います。

そもそも今は、それほど多くの子どもがいません。同時に共働きも増えました。長男の嫁が親の世話をするという認識は薄れ、専業主婦も減ったことから、病院で死を迎える高齢者が増えたのだと思います。

また自宅で亡くなった場合、事件性があるのかどうか、警察が介入することもあります。そのような煩わしさから逃れるために、病院の方が「安心」と思う人が増えたのかもしれません。あるいは亡くなる間際まで、ちゃんと治療をして欲しいと願っているのかもしれませんね。

では、一方の病院側はどうなのでしょうか。

もしどこかで体調が悪くなって救急車で運ばれた時、**受け入れ先の病院が懸念することは**どういったことでしょう。いろいろあるでしょうが、まずはこの2点だと思います。

●入院になった時、誰が手続きやケアをしてくれるのか？

●入院にならなかった時、ひとりで帰宅できるか？

もちろん運ばれてきた方が大変な状態なら、病院側は「入院の手続き」云々で、受け入れを拒否することはしません。

ただ身元不明の人が運ばれてきた場合、病院側にとって入院手続きをしてくれる人を探し、その人にコンタクトを取り、手続きをしてもらうということは、実は大変な作業なのです。病院の事務局側は、身元不明の人が運ばれてくることに、いつも戦々恐々としていることでしょう。

また入院せずにお帰りいただく際、おひとりでは難しいような場合には、病院も忙しい中、無碍にすることもできず、**福祉の方に連絡したりご家族を探したりと、大変な手間がかかります**。その方の判断能力が落ちているなら、尚更です。ご本人から情報をいただけないのですから……。特に高齢者を受け入れる際には、どこの病院も先の2点が懸案事項になると思います。

さらには、お亡くなりになった後の精算。これを誰がしてくれるのかも、とても大きな問題です。どんなに頑張っても、当人はもう亡くなっているので支払うことができません。

基本は、配偶者や子どもたちご家族が支払うことになります。でも配偶者が認知症だったり、身動きが取れない状況であれば、支払うことができません。

子どもたちがいない、もしくはいるけれど何年も会っていないような場合、周りの親族が支払うことになります。

そして支払った親族は、戸籍等から子どもを探し当てて請求する、という流れになるのでしょう。

また精算だけではありません。

病院は、長期にご遺体をそのまま預かることはしません。できれば速やかに自宅やセレモニーホールなどに移して欲しいのです。

親族が精算し、移動させてくれればいいのですが、それすら移動手段の手配が必要となります。だってタクシーに乗せて、連れて帰ることはできないのですから！

親族がみつからない場合は、葬儀社が持っているカプセルホテルのような冷暗所で、火葬までの間をウェイティングするのでしょう。結局病院だけでなく、これらの手配や費用すら、頼れる家族にお願いするしかないのです。

ではこの「頼れる家族」がいない場合には、どうしたら良いのでしょうか。この場合には、家族の代わりとなってくれる存在に「依頼」をするしかありません。病院だって、亡くなった方の所持品の財布から、勝手に治療費を抜き取ることはできないのですから。

ただこの「依頼」がポイントです。

口約束では、いざという時には頼んでいないのも同然。**しっかりとした権限を与えておかないと、頼まれた方も何もできなくなってしまいます。**このポイントを間違えている方、本当に多いんです。

仲の良い年の離れたお友達に頼んでおいたら良いのよ、なんて芸能人が週刊誌等で語っている記事を目にします。その「頼む」は、**公証人役場で作成する公正証書等でしっかり権限を与える**ことまでしていないと役には立ちません。

人生の最期は、残念ながら自分だけでは対応できません。

だからこそ頑張って生きてきた自分の人生に最後まで責任を持てるように、自分でできなくなることを想定して、自分の最期に備えておきましょう。

◉まとめ◉

死は自分の人生の集大成。
人任せにせず備えましょう

［ 第2章 ］

おひとりさまリスク

住まいの問題

case
8

高齢になると
賃貸物件を借りられない
というのは
本当ですか？

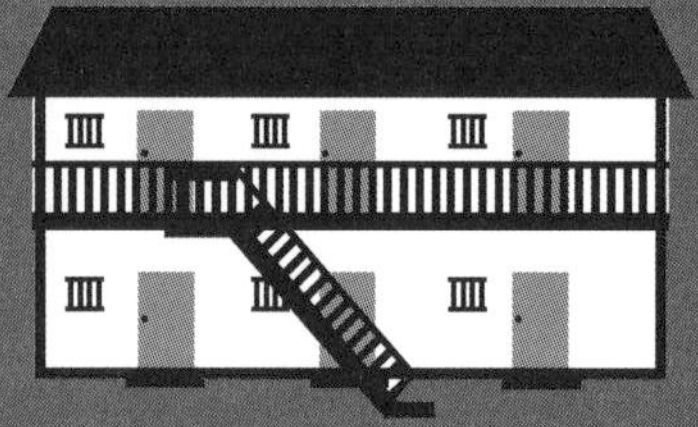

さまざまなリスクがあるので家主は高齢者に部屋を貸したがりません

コロナ禍以降、長期に亘って住宅ローンを組むのはリスキーだと、**賃貸の需要は増えています**。特にファミリー物件の注目度は高く、業界は物件数が足りないと活気づいています。

これは単純にファミリー層が増えたというよりは、リモートワークなどで、家で仕事をする人が増えたことから、人数以上の部屋数を求める傾向の表れだと思います。特に夫婦共働きでその二人ともがリモートワークになった場合、リビングで揃って仕事をするというのは無理があり、それぞれ個々に仕事部屋が必要になるからではないでしょうか。

一方でワンルーム等の小さな物件は、もともと供給過剰気味のところもあり、いったん今の入居者が退去してしまうと、新しい申し込み者を確保するのに苦戦するようになりました。

その理由は、単身者は今まで「寝るだけ」の部屋で良かったところ、「仕事部屋」的要素も求めざるを得なくなり、広さ的に条件を満たさなくなってしまったからです。その結果、単身者世帯用の狭い部屋は、空室が目立つようになりました。

ところが、その空室が目立つ狭い部屋ですら、**70歳になるとなかなか借りられません。**

空室があって、それを借りたい人がいて、相互に求めているものが合致しているようにも感じますが、高齢者はほとんど貸してもらえないのです。

実際どれくらい借りられないものなのでしょうか？　50件問い合わせをして、高齢者に部屋を貸してくれそうな対応は2、3件と言われています。

真千子さん（仮名・78歳）は、**部屋が借りられず、ほとほと困り果てました。**

もともと長年ご主人名義の持ち家に住み、2人のお子さんもその家で育て上げました。その息子たちも立派に成人し独立していくと、老夫婦には一戸建ては大きすぎるね……とご主人とも話し合っていました。

それでも長年住んだ一戸建てからの引っ越しは、荷物の整理や断捨離も大変です。物理的に荷物の量を減らしてサイズダウンしないと、引っ越しの意味がなくなります。高齢になればなるほど、その負担は計り知れません。

そのため孫が遊びに来た時に戸建ては飛び跳ねても安心とか、息子たちが家族で来ても皆で泊まれると、さまざまな理由を付け、ついつい引っ越しを先延ばしにしてきました。

そんな孫たちもいつしか大学生になり、祖父母の家に近寄らなくなった頃、最愛のご主人が心筋梗塞であっけなくこの世を去ってしまいました。

大きな5LDKの戸建ては、真千子さんひとりで住むには広すぎます。ご主人がいなくなってからは、夜の物音にも敏感になってしまい、眠りも浅くなるなど、いよいよ引っ越しの必要性を感じるようになってきました。

そうなると新居に夢が膨らみます。せっかく思い切って断捨離するのですから、今度は駅前のアクセスのいい場所に住みたいと考えました。

真千子さんの住んでいた戸建ては、街の喧騒から少し離れた郊外にあります。生活するには静かで快適なのですが、ひとりで住むには、少し静かすぎるのです。またちょっと出かけようにも、駅まで10分以上歩かねばなりません。

若い頃は「早く戻ってご飯を作らないと」とか「子どもが帰ってくるから」と、出かけても気忙しかったのが、今や何の制約もありません。今まで行きたくても行けなかった美術館や展覧会にコンサート……。そんな文化的な生活を楽しむためにも、ぜひ交通のアクセスのいい所に住みたい！　と強く思いました。

快適な新しい生活をイメージしなければ、ご主人を失った喪失感とこの大量の荷物の整理に心が折れそうだったのです。

息子たちに片付けを手伝ってもらいながら、家中の荷物が半分くらいになった頃、そろそろ部屋探しをしてみることにしました。

条件は、前から考えていた駅近のアクセスの良いエリア。広さは40㎡ほどで、家賃は12万円までとしました。

真千子さん自身の年金は、専業主婦だったため遺族年金を受給したとしても、それほど多くはありません。それでも年金で生活すれば、足りないのは住居にかかる費用だけです。

家を売却すれば、安く見積もっても数千万にはなるでしょう。あとはご主人が残してくれた株式や現金等の金融資産が5千万円以上あります。

最後はもしかしたら有料老人ホームに入所するかもしれないので、この10年ほどの間は賃貸に住む、としての予算組でした。

子どもたちも自立しているので、相続で遺すことをそれほど考える必要もありません。気に入った物件があれば、場合によっては、もう少し家賃を出してもいいかしら……そう夢を膨らませていました。

都心まで電車で30分以内の、落ち着いた雰囲気でありながら商店街も残る町の賃貸仲介店舗。荷物の片付けから少し解放されたくて、気分転換に立ち寄ってみました。はやる思いと裏腹に、ドアを開けた瞬間、真千子さんは**自分が場違いなところに来てしまったのでは**、という印象を受けたのです。

店舗には若く、髪の毛を明るく染めた男の子たちがパソコンに向かっていました。一斉に顔を上げて真千子さんを見た瞬間、「あれっ」と怪訝そうな表情です。

「お部屋を探しているんですけど」

消え入りそうな声を振り絞ってみましたが、聞こえたのかどうかすら分かりません。ドアのところで立ちすくんでいると、ひとりの年配の男性が近づいてきました。

「お母さんがお部屋を探されているんですか？」

そう言いながら、カウンターの席に誘導してくれました。

真千子さんは、そこからのことをほとんど覚えていません。いろいろ質問され、真千子さんも自分の希望を伝えようとしましたが、頭に残っているのは「部屋は貸してもらえない」ということでした。理由も聞かされたのですが、頭には入ってきません。

とにかく逃げるように、家に戻りました。

家に着いて落ち着きを取り戻した頃、片付いた部屋を眺めながらこんな疎外感を味わうために断捨離をしてきたのかと、少し情けなく感じました。これが高齢者がひとりで生きるということの現実なのでしょうか。

せっかく重い腰を上げて引っ越しに向かって作業もしてきましたが、このままこの戸建てに残るのか、それとも老人ホームに入所するしかないのか、自分でも分からなくなってしまっていたのです。

真千子さんから事情を聞いて驚いた長男の誠さん（仮名・49歳）が、大学時代の友人で不動産会社を経営している中西さん（仮名・51歳）のことを思い出しました。すぐに連絡をとってみると、中西さんの口からは、高齢者の賃貸について驚くようなことばかりが飛び出してきました。それを要約すると……

1 70歳を超えるとほとんど部屋は貸してもらえない
2 家賃の価格帯によって差はなく、どの金額帯でも貸してもらえない
3 家主は高齢者に部屋を貸すより空室の方がまだマシだと思っている
4 家主は事故物件（孤独死）になってしまうことを怖れている
5 認知症になった時の対応に困る
6 建物を建て替える時に退去してもらえず困る
7 家賃を払ってもらえるのか心配

中西さんがあげた理由が、ざっとこのようなものでした。

確かに家主側の思いも分かります。ただ真千子さんの場合、家賃も払えるし、息子たちがいるのですから、何かあったとしても放置はしません。それほど家主側に迷惑をかけることはないと思うのです。

中西さんはそれを聞いても、家主側の理解はなかなか得られないと呟きました。

「気持ちは分かるんだけどね。一度貸してしまうと、借り手の力の方が強いから、日本の家主の権利は二の次でさ。だから家主としては、どうしても敬遠してしまうんだよ。制度と今の日本の情勢が合ってないんだな」

中西さんはそう言いながらも、**UR（UR都市機構）なら高齢者でも借りやすい**ということを教えてくれました。

確かにURは入居者側に細かい条件はなく、支払えるということを証明すれば貸してもらえそうです。ただ真千子さんの希望であった、駅近でアクセスの良い物件はほとんどありません。

大半は駅からバスだったり、人気の高い路線ではありません。

「住む」ことを重視するなら生活環境もいいのでしょうが、それなら今の戸建てとさして変わりません。真千子さんからすると、せっかく身軽になったのだから、人生を楽しむための引っ越しがしたかったのです。そうなると絶対に譲れない点は、「駅近」です。


「不動産屋が言うのもなんですが……。条件に合う賃貸に住むことは、難しいと思います。それならば、今の戸建てを売却して、駅近の資産価値の高いマンションを購入されたらいかがですか？」

中西さんからそんなアドバイスを受けました。真千子さんは、購入することなんて考えもしていませんでしたが、思ったような物件を貸してもらえないなら、それも仕方がないことかもしれないと思いました。

マンションを購入するとなると、買ってからも月々の管理費や修繕積立金も必要になりますが、一戸建てだって維持費もかかります。

一人住まいができなくなった時に、老人ホームに入所することを考えると、売りやすかったり、貸しやすかったりする物件なら、それほど資産価値を下げることにはならないでしょう。

誠さんも、最初は複雑でした。誠さんは大学教授。弟は大手商社マンです。世間的にはちゃんとした息子が二人もいて、亡くなった父親も銀行マン。母親は高齢とは言え、恵まれた環境だと思っていました。だから**部屋を借りられないだなんて、思いもしなかった**のです。きっとひとりでいきなり仲介の店舗に行ったからだ、くらいに思っていました。でも中西さんの口からいろいろ聞かされると、確かに借りることは難しいと思い始めました。

考えた末、母親の望むような物件を借りられないならと、少し息子として情けない気もしましたが、真千子さんの背中を押すことにしました。

結局、真千子さんは、中西さんの力を借りて**家の売却と駅近のマンションの購入**を無事に終え、引っ越しをすることができました。

家の売却代金とダウンサイズしたマンションの購入金額はほとんど変わらなかったので、手元の現金を減らすことにはならず老後の資金も心配なさそうです。もちろん上を見ればキリはありませんが、日々の生活は年金でやりくりすれば、貯金をどんどん食いつぶすこともせずに済みそうです。


それでも友達からは、「戸建てを手放すだなんて」と否定的な言葉をたくさん言われました。心が揺らぐことがなかったと言えば嘘になりますが、鍵ひとつの気軽さは何にも代えられず、思い切った決断をして良かったと心から満足しています。

ただもし同じような物件を借りられていたら、毎月家賃分を貯金で賄うことになるのでしょうが、もう少し現金が手元にあったのにな……と残念でなりません。

まさかお金があっても賃貸物件を借りられないだなんて、もっと早くから知って人生設計すべきだったと反省しきりです。孫のことなどを理由に転居を先延ばししたことが、悔やまれて仕方がありません。

「人生の後半戦に住む場所は、現役世代中に考えること」と二人の息子にしっかり伝えた真千子さんでした。

◉まとめ◉

70歳を超えるとお金を持っていても部屋を貸してもらいにくくなります！

case
9

高齢者の一人暮らしはゴミ屋敷になりがちと聞きましたが……。

「生活スペースが最小限になるなど いろいろなことが面倒になりゴミも溜めがちに」

一戸建てを購入したり建てたりする際、将来的に夫婦ふたり、もしくはひとりで住むことを想定する人はいるでしょうか?

基本は今、家族で住むために一戸建てを選ぶ人が大半だと思います。

ところが月日が流れると、家族構成も変わってきます。そうなると必然的に、**使わない部屋も増えてきます**。

よくあるのが、高齢になり膝が痛くなって、寝る部屋を1階に移したら、2階には何年も上がっていないという話。1階にあるキッチンやトイレ、バスルームといった設備が生きるのに必要なものなので、それが揃っているエリアだけで生活が成り立つというのです。

特に男性にその傾向が強く、広い一戸建てであっても、結局のところ水回りと寝るスペースだけで過ごしている、私もそんなケースをたくさん見てきました。

譲さん（仮名・76歳）もその中のひとりです。

一人住まいになって、15年以上になりました。奥さんが長年の闘病の末に亡くなってから、嫁いだ娘二人も家に近づかなくなってしまいました。

その理由は二つ。

一つは、昭和スタイルの「誰の金で生活できてきたと思っているんだ」的な態度を、この令和の時代に妻ではなく娘たちにしてしまい、彼女たちから敬遠されてしまったこと。

二つめは、譲さんの家が片付いておらず、それを娘たちに見られたくなくて、娘たちを自分から遠ざけてしまったこと。

これらに加えて、娘さんたちも子育てに忙しく、最近では、娘家族たちとは年に数回、外で食事をするだけになってしまっていました。

譲さんは、大学で建築を教えていました。そのため家の中にはたくさんの本や資料があり、それらが山のように積まれているため、今にも崩れ落ちそうです。

傍からすると、その資料っていつ見るの？　捨てても良いのでは？　と思ってしまいますが、譲さん自身は「どこにどの資料がある」か、ちゃんと分かっています。捨てるという選択肢がないため、どんどん床が見えなくなってしまっていました。

さらに、ゴミを分別して捨てるのが面倒なため、どんどん家中に溜まっていくのです。これは**ゴミ屋敷にありがちな状況**です。

ゴミを出すにしても、家の前に出すのがルールなため、ある程度、出せる時間が限られてしまいます。つまり、あまり早く出しすぎると、カラスにいたずらされたりする可能性があり、ご近所の方は大きなゴミバケツに入れて出しているのですが、収集が終わった後、そのゴミバケツは片付けなければなりません。譲さんは、どうしてもそれが面倒なのです。

そのまま出しっぱなしにしていたら、ゴミが取り除かれて軽くなったバケツが風で倒され、かなり遠くまで転がっていってしまったこともありました。その時は、ご近所の方がバケツを譲さん宅に戻してくれましたが、大きな張り紙で「きちんと管理してください」と書かれてしまいました。

その一件以来、譲さんはゴミをそのまま出すようにしたのですが、そうするとゴミをカラスに散らかされてしまって、またご近所からクレームを受けるというマイナススパイラルに陥ってしまいました。

こうしたゴミ出しのストレスを避けることが、結果として家の中のゴミを溜めてしまうことに繋がったのです。

ここまで来てしまうと、家の中がこの先片付いていくことはなく、ただただゴミは増えるだけになってしまいます。いちばん良いのは、業者にお金を払って処分してもらうことなのですが、ゴミ屋敷にしてしまった人の大半はそれを人に知られたくないのです。そのため不衛生な状態が続いていながら、ゴールが見えないという状況に陥ってしまいます。

そんな事態が大きく動いたのは、予想もしていなかったことからでした。

夏に気温が高くなり、ご近所から譲さん宅から悪臭がすると役所にクレームが入ったのです。一人住まいを把握していたので、福祉の人と行政が訪問。すると**家の中から熱中症気味で意識が朦朧としている譲さんが出てきたのです**。

すぐに救急車が呼ばれて、譲さんはレスキューされました。お嬢さん二人にも連絡がいき、結果としてゴミ屋敷が知られることになりました。

救急隊も「これ以上ゴミが増えていたら、ご本人も玄関まで出ることができず、せっかくの訪問も留守で片付けられてしまったかもしれない。強運でしたね」と逆に褒めてくれたほどです。

病院に搬送され、**譲さんは有料老人ホームに入所することを決めました**。

「庭いじりが趣味ならいいが、年をとると大きな一戸建ては持て余すだけ。ゴミ出しひとつがストレスになってしまい、自分でもどうしていいのか分からなくなってしまった。本当はもっと早くに引っ越せば良かったのだが、荷物を処分しなければと考えるだけで億劫になってしまった。高齢になると、身軽になるのがいちばんだと実感した」

譲さんは、自分で家を片付けることはできないと断念。必要最小限の物だけを持ち出し、あとは全て業者に片付けてもらいました。

高齢になっても多くの人は、ついつい「自分で片付けなければ」と思いがちですが、**断捨離が自力でできるのは60代前半まで。**荷物の整理は、明るい未来があるからできるもの。この先の生活にワクワクするから、処分することができるのです。「片付けなければ」の思いからは、もはや前には進めません。上手に業者を使う術を、学んで欲しいと思います。

また戸建てかマンションかによっても違ってきますが、半径2メートルほどで生活されている高齢者は、本当にたくさんいます。戸建てとマンションの良さはそれぞれ一長一短ですが、そもそもそれほどの広さは必要でしょうか。

庭いじりやＤＩＹが趣味なら戸建てでも良いかもしれませんが、高齢者になると座っている時間が増えるので、結果として**簡単にゴミ屋敷になりやすい**のです。

まだまだ明るい未来がある間に断捨離をして、**終の住処をどうするか、クリアな頭で考えていきましょう！**

◉まとめ◉

引っ越しのリミットは「60代前半まで」と覚えておきましょう

case
10

退職金を見込んでの
家のローン。
完済できるか
不安です……。

「家はあってもお金がない！」という人が増えています

長期に亘って、ローンを支払い続けて購入する住宅。一昔前、終身雇用の時代なら不安もなかったのでしょうが、**今の時代には、住宅の購入もそう簡単に決断できるものではありません**。

払えなければ売却してしまえばいい、そんな考え方もあるかもしれませんが、それも不動産価格が右肩上がりになっていなければ難しい話です。さらにそのように高く売れる物件を探し出すには、それなりの審美眼も求められます。

不動産業界では「千三つ」と言って、お宝物件は1000件のうち3件くらいと言われるほど少ないものです。

それ以外に損をしない物件があるのは、もともと物件自体が高額で、値が下がることはないと太鼓判を押されるエリアのものです。ただ一般人が億を超える物件を、そう簡単に購入することはできません。

そのため簡単に「売却すればいい」とはならないのです。

ローン残高以上の価格で売却できなければ、足りない分を補填しなければなりません。頭金が少なめで購入してしまうと、大半は売却予定金額よりローン残高が高いために、売るに売れない、そのような状況になってしまいます。

夫婦共働きでそれぞれがマックスの負担で住宅ローンを組んだものの、途中で離婚だの、子育てにお金がかかっただの、リストラにあっただので、家を手放さざるを得なくなった人たちを私はこれまでたくさん見てきました。

何十年もずっと同じ額の年収を得続けられる人って、少ないと思います。子どもたちの学費や物価の上昇で、結果、生活が苦しくなることもあります。コロナ禍のように、想定外のことも起こります。

そんな中での**長期ローンは、そもそも無理がある**のかもしれません。

それでも支払いに困窮する中で、物件を手放せる人は、まだ幸せです。そういう人は、お身内からの援助を得られたり、親身になってくれる不動産会社の方とめぐり逢えたり、運強く買主を引き寄せられたりしたから手放せたのです。

そういう人は本当にラッキーとしか言いようがありません。

不動産を購入した時にしていた支払いの計算が狂った！ という事態は、特に退職金をもらう時に起こるようです。長年勤めあげて、退職する際にもらえる退職金ですが、時代とともにその額も下がってきています。

退職金でローンの残りを完済して、年金で生活する、これが以前の日本のサラリーマンの老後の道筋でした。でも近年、退職金は思っていたように支給されなくなり、年金受給もどんどん先送りになっています。もともとの道筋が、今は崩れてしまったので**「家はあるけど現金がない！」という方が増えてきました。**

英雄さん（仮名・43歳）は、親の自宅でこの問題にぶち当たりました。

どうも親のお金の使い方がおかしい……そう感じたのは、父親が70歳を過ぎた頃からでした。いつまで旅行に行けるか分からないと、1泊2日の温泉旅行に毎月のように行き出したのです。

「親父たちのお金だから何に使ってもいいけれど、お金大丈夫なの？」

英雄さんのお父さんは真面目に働いてきましたが、有名な大きな会社を勤めあげたわけではありません。退職金だって支給されたのかどうかも、怪しいものです。昔から母親は事あるごとに「お金がない」と愚痴っていたくらいです。だから急に羽振りが良くなったような気がして、心配になったのです。

でも親子でお金の話は、なかなかしにくいもの。

「放っておいてくれ！　お前には迷惑かけん」

そう怒鳴られてしまうと、もうそれ以上何も言えなくなってしまいました。

本当におかしいと気が付いたのは、それから半年くらい経ったＧＷのことです。

毎年この頃にくる固定資産税の納付書に、母親は「何でもかんでも税金ばっかりで」そう必ずぼやいていました。ところがその年は、何も言わないのです。

「母さん、今年は固定資産税のこと、ようやく受け入れたんだ」

笑いながら言うと、母親は黙っています。

「あれっ、母さん、いつも固定資産税のことぼやいていたじゃない」

そこまで言っても、母親は下を向いたままです。

おかしい……。いつもお金がない、税金が高い、そう文句ばかり言っていた母親が、固定資産税のことを聞かれても黙っているだなんて、おかしすぎます。

「母さん、父さんと母さんのお金だから、僕は何も言わないよ。でもちょっとおかしいでしょう？　何がどうなっているの？」

困った顔をした母親が、絞り出すような声で言いました。

「家は売ったから。お父さんに言うなって言われていて……」

英雄さんは、母親の言葉に愕然としました。家を売った？　頭にわぁ～っと血が上るのが分かりました。言葉の意味が理解できず、困った顔をして英雄さんを止めようとする母親の手を振り切って、リビングにいる父親に向かいます。

「母さんから聞いたぞ。家、売却したって、どういうことだよ？」

「お前には関係ない！」

「関係ないことないだろう？　家族なんだぞ。売却したって何でもいいけど、相談くらいしてくれたっていいじゃないか」

「……」

「俺たち家族だろう？」

英雄さんの言葉に、父親も観念したようです。

「テレビで宣伝してたんだよ。誰にも知られずに、家を売却しても住み続けられるって」

最近いたるところで目にする「リースバック」というものでした。

これは不動産を売却して、名義は買主に変更の登記をして、もともとの持ち主はそのまま買主と賃貸借契約を締結して、賃料を払って住み続けるというものです。

ただ一般的に、買った者は売却したり自分で使ったりができないため、売買代金は通常より安め、家賃を払ってもらえなくなるリスクもあるので、賃料は高めに設定されます。

「いったいいくらで売却したの……」

父親が口にした売買代金は、素人の英雄さんでも相場よりかなり低いと感じる金額です。すぐにネットで調べると、近隣の売り物件より、ざっと3割は安いようでした。

「今は毎月賃料払っているんだろ？　いくら払ってるんだ？」

英雄さんは15万円くらい払っているのかな、と予想していると、それのまだ上をいく19万円だと言います。相場からいえば、高くても12万円もしないはずです。

毎月19万円払えば、1年で230万円ほどの出費です。安価で売却したので、あと10年もしないうちに売却代金の方も大半はなくなってしまいます。72歳と69歳の夫婦なので、平均寿命どころかそれより早い段階で住む場所をなくす計算になります。

いつもは強気な父親が、英雄さんに詰め寄られて、ずっと下を向いたままです。これは責めてはいけない……、きっと相談できなくて、困っていたんだ、そう思いました。

英雄さんが何も言わないので、父親はぽつりぽつり当時のことを喋り始めました。

「定年になって、退職金も思ったように出なくて、住宅ローンを完済するには足りなかった。しかも年金だって、65歳からしかもらえない。

もともと貯金は1000万円もなかった。年金をもらうまでに、貯金はどんどん減っていってしまう。母さんと引っ越しも考えたんだが、家を買う金もないから賃貸しか選択肢はない。でも貸してもらえねえんだよ。
どうしよう……って思っていたら、リースバックというのを知って。電話したら営業マンが来てくれて、いろいろ説明を受けたんだが、よく分からんのよ。
ただとにかく引っ越しせずにこの家に住んでいられるし、もうローンのことも考えずに済む。お金も入ってくるから、今まで頑張って生きてきたんだ、温泉くらい行っても罰あたるまいと思って」

相談しなかったのは、英雄さんに家の経済が全て知られてしまうことを避けたかったからです。それに、この年齢になって少しは旅行もしたい。全てを話してしまえば、そんな些細な楽しみも奪われる気がしたとも言います。

じっくり考えれば、**あっという間に家計が破綻してしまう**ことは分かるはずです。でも70歳を超えると、長期的な目線で物事を考えられないのかな……。英雄さんはそう感じました。

何か言えば、すぐに「うるさい！」と怒鳴っていたのも、いろんなことを聞かれたくないための強がりだったのかもしれません。

「もっと早くに相談してくれれば良かったのに」

喉元まで出かかりましたが、英雄さんはその言葉を飲み込みました。これが「老いる」ということなんだ、そう感じたからです。

広い視野で総合的に判断する、しっかりしているようでも、高齢になるとそんな判断能力が低下するということを目の当たりにしました。

結局、仕事を退職した後も、住宅ローンが残ってしまったことが、いちばんの敗因でした。そして既に退職してしまっていたので、部屋を借りることもできなかったのです。

でも一般的に住宅ローンは35年で組まれます。途中で繰り上げ返済すればいい、と思うかもしれませんが、実際に繰り上げ返済をどんどんできるのは、極一部の人たちではないでしょうか。マックスで借りてしまうと、毎月の返済に追われてしまい、結果として退職後もローンが残っているという状況になるのでしょう。

自分のローン残高がいくらなのか、即答できる方は、そういないと思います。

家を借りるなら、ぎりぎり現役世代じゃないとダメなんだ、ということも英雄さんは知りました。自分の時には、**50代で人生の後半戦の作戦会議が必要**だ！　それが分かっただけでも良しとしよう、そう考えないと居ても立ってても居られませんでした。

◉まとめ◉

住む場所の検討は現役世代の間に！リタイアしてからでは遅すぎます！

case
11

人生100年時代。終の住処をいつ、どう考えればいいのでしょうか？

60代を過ぎてからでは何もかもが遅すぎます

人は死ぬまで、どこかに住みます。それが持ち家なのか、賃貸なのか、高齢者の施設なのか、病院なのか……。選択肢はいろいろありますが、基本はどこかに住みます。一方で、**自分が死んだ後、その住処は誰がどうしてくれるのでしょうか**。そんなことを、考えたことがありますか？

子どもの人数が多かった昭和の頃、日本の家庭の象徴は『サザエさん』でした。祖父母がいて、子どもがいて、三世代が賑やかに生活する、そんな時代がちょっと前まではありました。でも今は核家族化が進み、さらには離婚も増え、子どもはいるけど一緒に住んでいないとか、遠方に住んでいるとか、疎遠になっているとか、いろいろなパターンがあります。

ひとり世帯もたくさんいて、これからは自分のことは自分で対応する時代になってきています。

今、皆さんはおいくつですか？

今、住んでいる物件は、築何年ですか？

皆さんが80歳になった時、その物件は築何年になっているのでしょうか。

もし賃貸物件なら、木造や軽量鉄骨造りなど構造にもよりますが、40年を過ぎると建替えの検討も家主側で始まります。鉄筋コンクリート造りであっても、築60年を過ぎると、管理状態にもよりますが、建替えが頭をよぎる家主も多くなるでしょう。70歳を超えると、なかなか部屋は貸してもらえません。ぎりぎり貸してくれるのは、60代の現役で働いている方々までです。

ご自身が今住んでいる物件は、あなたが亡くなるまで建替え等もなく住み続けることができるでしょうか？ 高齢になって建替えで退去して欲しいと言われたら、行く先が本当になくなります。新居を探すのに苦戦します。貸してもらえるとしても、かなり古い物件です。だからまた立ち退きの話もあるかもしれません。

そうならないために、自分の年齢と物件の築年数を考えて、最期まで住み続けられない状況なら、**現役世代中に長く住める部屋に引っ越しするのが得策**です。

家主だって、ビジネスで賃貸経営をしているので、皆さんが住んでいるが故に建替えができないとなると、いろんな意味で経営が制約されてしまいます。借りるのであれば、やはり家主側のことも考えていただきたいなと思うのです。

もし持ち家の戸建てなら、皆さんが80歳になった時には、かなり老朽化した状態になっていませんか？

自分たちの年齢とともに建物自体も維持管理費にどんどんお金がかかるお年頃ではありますが、その分を予算組みしていますか？　現在の築年数にもよりますが、水回りのリフォームや、屋根、外壁の補修も必要になってくるかもしれません。そうなるとその分を予算組みしておかないと、修繕もできなくなってしまいます。

ただ古い戸建ては、修繕したとしても延々と手がかかる可能性もあります。そして使っていない部屋があるなら、不動産は生き物なので、老朽化も進みます。
もし使っていない部屋がたくさんある状況なら、終の住処をどうするか早めに考える必要があるのです。

そして人は「必ず」いつかは亡くなります。これだけは絶対です。

皆さんが賃貸物件に住んでいて、亡くなったらその部屋は誰が空っぽにして、家主に鍵を返却してくれるのでしょう。最後の家賃や原状回復義務は、誰が果たしてくれますか？

ひとりで持ち家に住んでいるとしても、同様です。
その家の片付け、誰がしてくれますか？　そしてどの方が相続するのでしょう。
相続したとして、その家を使ってくれそうですか？　それとも売却ができそうですか？

不動産を相続したものの、とてもじゃないけれど貸せるような物件ではなく、売却もできず、仕方がなく税金だけ払うという「空き家」が今増えています。いわゆる「負動産」と呼ばれるものです。その家を相続した人は、処分に大変な思いをするかもしれません。その辺りを、考えたことがありますか？

自身が70代、80代になると、そんなことを考える余裕はなくなります。今日生きることで精一杯になるかもしれません。だからこそ50代の段階で、一度考えて欲しいのです。50代なら、知力、気力、体力ともに、総合的に検討できる年代です。自身の人生の後半戦を、どう生き抜いていくのか。

その年齢から年収を極端にアップできるのは、カーネル・サンダースさんくらいです（笑）。でももし可能な限り経済活動をしたいと思うなら、50代で何か勉強するとか、資格を取得するとか、副業を考えてみるとか、趣味を極めるとか、いろいろあるかと思います。

それと住まいをどう考えるか。

何度も言いますが、人は必ず死にます。

ピンピンコロリは、宝くじに当たるような確率です。その前に、判断能力や体力が低下していきます。そうなる前に、クリアな頭で人生の後半の作戦会議をしましょう。その中で**いちばん重要なのが「住まい」**です。何てったって「住まい」は生きるための拠点ですから。生活の基盤ですから！　目先ではなく、**自身が80代になった時にどうなのかの視点を持って検討してください。**

◎まとめ◎

住まいは生きる拠点。目先ではなく80代になった時を想定してみる！

case
12

賃貸にひとり住まいの場合、自分が死んだらその後の契約はどうなるのでしょうか？

「賃貸の契約も相続の対象になります」

自分には家族がいないし（もしくは、子どもはいるけど離婚後一度も会っていないし等々）、住む家は持ち家でなくて賃貸の方が気が楽だ、そう考える人は増えています。私も個人的には賃貸派なので、その気持ちは本当によく分かります。

一方で、**賃貸借契約が相続の対象になる**、ということをご存知ない人がたくさんいらっしゃることも驚きです。

とある家主から、入居者がお亡くなりになったけれど、どうしたら良いのかと相談を受けました。おひとりで、長年住んでいたようです。最期は体調が悪くて病院で亡くなられたようで、物件そのものは事故物件にはなりませんでした。ただお部屋の中は、入院する前の生活感があるままの状態。勝手に荷物は処分できず、次の人に貸すこともできず、家主は困り果てていました。

賃貸借契約は相続の対象になるので、現在は相続人が契約を引き継いでいる状態です。**家主は相続人と、この賃貸借契約を承継するのか解約するのか、そのどちらかの手続きを進めていかねばなりません。**

まずは相続人探しから、私の仕事はスタートしました。

入居者は大崎さん（仮名・78歳）。内装リフォームの仕事をご自身でしていました。部屋は2DKの48㎡。一人暮らしには、十分な広さです。この物件が新築の時から入居したので、かれこれ20年以上住んでいたことになります。

男性の一人暮らしらしく、荷物はそう多くはありません。それでも洋服が好きだったようで、たくさんの服がいたるところに吊るされていました。台所もあまり使われてないようで、清掃費用は安く済みそうです。

「自分は天涯孤独だからよ」

それが大崎さんの口癖で、「だから人に迷惑かけないように生きていかねばならない」と思っていたとのこと。

ただ最期のことまでは、備えてはいませんでした。

賃貸物件でお亡くなりになった場合、まずはその**賃貸借契約をどうするのかと、部屋の中の物をどうするのかという2つの問題があります**。これぱっかりは自分ではできません。できるとするならば、自分の死後の手続きを、誰かに正式に依頼しておくしかありません。これを「死後事務委任契約」と言います。

以前、自分が末期がんということを知り、ぎりぎりまで賃貸物件で生活し、最後本当に体調が悪くなる直前に部屋を業者に依頼して空っぽにして、家主に鍵を返して挨拶し、数枚の下着を風呂敷に包んで入院し、翌日にお亡くなりになったという男性がいました。自分の火葬や納骨の費用と手続きまでお寺に依頼し、何もかもを準備していたのです。

この方は、ご自身が知人の借金の連帯保証人になったことが原因で、家族に迷惑をかけ、その結果離婚となり、その負い目がずっと心にあったようです。

わずかな収入から少しずつ娘のために貯金し、自分は慎ましく生活し、誰にも迷惑をかけずお亡くなりになりになりました。離婚以降、一度も会っていない娘に対して、不憫なことをしてしまったと悔いていたのかもしれません。毎月、数千円のお金が娘さんの通帳に入金されていて、胸が詰まりました。

この完璧なまでの最期は、死んでまで苦労をかけたくない、その一心だったのだと思います。**こんな見事な亡くなり方、私は未だに他を知りません。**

こんなこと、誰にもできることではありません。

だからこそ人は、備えておかねばならないのです。

大崎さんは、天涯孤独と言っていましたが、離婚した奥さんとの間に一人息子の信二さん（仮名・46歳）がいました。そこで信二さんにお手紙を送ることにしました。

すると手紙を受け取ってすぐ、信二さんから電話がありました。

自分が小学2年生の時に両親が離婚し、それ以降、父親とは一度も会っていない、ということでした。どこに住んでいるかも知らず、何をしているかも分からない。亡くなったと知っても、何の感情も湧いてこないと言います。

「で……俺に何しろと?」

信二さんからは、迷惑はごめんだよという感情が、むき出しに伝わってきました。

私は信二さんに以下のことをお伝えしました。

●賃貸物件を引き継いで住む意向がないなら、解約の手続きをお願いしたいこと

●残置物が不要なら、所有権の放棄書をいただきたいこと

●車が残っているのだが、これをどうするか決めて欲しいこと

●そして室内からは1000万円以上の残高のある通帳がでてきたこと

これらを伝えると、信二さんの態度が急に軟化した気がしました。

次の週末、信二さんは大崎さんが借りている部屋に来ることになりました。偶然にも信二さんの自宅から、電車で30分の距離です。こんな近くに別れた息子がいただなんて、大崎さんが生きていたらどう思ったでしょうか。

部屋をぐるっと見た信二さんは、何も要らないと放棄書にサインしました。もしかしたら写真などが出てくるかもしれませんが、それすら不要だと言います。長年存在すら記憶になかった「父親」に対して、今さら何かを知りたいとも思わない、そう口にした信二さんは、淡々としています。

親子といえども、二人の間に歴史がなければ当然のことかもしれません。

信二さんは、賃貸借契約の解約手続きをし、通帳を鞄に入れ、大崎さんの車に乗って帰っていきました。

今回、もし大崎さんが室内でお亡くなりになり、すぐに見つけてあげられず、特殊清掃が必要になれば、物件は事故物件となりました。

そうなると家主側の損害たるや、数百万単位の相当な額になります。これらの賠償も相続人が引き継ぎます。もちろん何もかも要らないと、相続放棄することもできますが、その手続きをしなければ、責任を負うことになります。

事故物件にしないための見守り用の機器なども安価なものがたくさんでてきましたが、その見守りのアラートを誰が受けるのか、という問題があるのです。３６５日、誰が対応してくれるというのでしょうか。そして何か起こっても、家族でなければ、室内に入室することも、なかなか難しいものです。

結局、今の日本の制度は、家族がサポートするしかなく、頼れる家族がいなければ、費用を払って見守りをお願いするしかありません。でもそのようなことに元気なうちに備える人はほとんどいません。

だから何かが起こる可能性の高い高齢者は、部屋を貸してもらえないのです。

それだけではありません。

幸運にも、大崎さんが敷金をたくさん預けていたため、家主側の損失は、荷物処分の費用だけとなりました。本来はこれすら相続人の負担なのですが、その2、30万円の費用負担のために解約手続きに協力してもらえなかったりすると、家主も大変です。費用を負担してでも、サインをもらった方が良いケースが多いのも事実です。

信二さんから揉めることなく放棄書をもらえたし、車も持っていってくれたから、良かった……家主はそう安堵していました。

一方で、この家主さんはこんなに上手く行くことも少ないだろうから、これからは高齢者予備軍に部屋を貸したくない、そんな感情も抱いてしまったようです。

◉まとめ◉

賃貸に住んでいる人は
亡くなった後の手続きを託しておこう

case 13

実家が借地の上に建っている場合、今から考えておくべきことは？

少子高齢化の今の日本で借地の相続も大きな問題なのです

「借地人がどうやらいなくなってしまったみたいです」

深刻な表情で、事務所に飛び込んでこられた渡邊さん（仮名）ご夫妻。

地主として人に土地を貸していましたが、地代が支払われなくなって現地に行ってみたら、どうやら人が住んでいる気配がないと慌てて相談にこられたのです。

貸していた土地は、親から相続したもので、渡邊さんご夫妻が住んでいる場所からは新幹線で2時間弱もかかります。そのため現地に見に行くことはほとんどありません。建物の賃貸借と違って、土地を貸しているだけなので、トラブルもなかったために行く必要もなかったのです。

渡邊さんご夫妻は、親の代から年に1回借地人から支払われる地代を、振込みで確認する程度の関わり方でした。

借地の場合、手間暇がかからない分、借地人の情報も少ないのが一般的です。

建物の賃貸借契約の場合、2年ごとの更新があったり、家賃が毎月支払われるので、異変に気が付きやすいのです。長年の契約となると、設備の故障等で連絡があることもあります。また建物賃貸借の場合、ライフスタイルに合わせて転居する人も多いので、入居者の入れ替えごとに情報はアップデートされていきます。

一方の借地の場合、契約そのものが20年、30年と長期になるため、その間に借地人に何かあってもよほどのことがない限り気が付くことはありません。まして地代の支払いが年に1回となれば、近所に住んでいない限り、ほとんど何の情報もないのが当然でしょう。

土地を貸しているだけなので、不具合ということもないでしょうし、手間暇がかからない分、地主も借地人のことに関心を寄せることはありません。

異変に気が付くのは、地代が支払われなくなった時が一般的です。

渡邊さんご夫妻が見た現地は、確かに人の住んでいる気配はなく、建物は荒れ放題になっていました。

建物の名義人から住民票を取得してみると、**もともとの借地人はなんと20年ほど前にお亡くなりになっていました。**

その後、2歳年下の弟さんが住んでいたようです。

渡邊さんご夫妻は、何となくその事実を知っていました。

「借地のそばにある実家のお墓参りに行った際に、チラッとお見かけしたんです。でも借地人の方の顔もよく分かってなかったので、ちょっと若いし違う方かも……、くらいにしか思っておらず……。あの時に声をかけて、お話しすれば良かったです」

悔やむ思いが、あふれ出ます。

毎年の地代が支払われていたので、まったくのノーマークでした。そして、その借地人の弟さんも、昨年亡くなられていました。

建物を貸している場合、その建物は家主の物なので、自分で何とでもすることができます。

土地を貸して、借りた人が自分の費用で建物を建てている借地の場合、**建物は地主の物ではありません**。他人である借地人の建物です。そのために地代が支払われないからと言って、勝手に他人の建物を取り壊すことはできないのです。

地代が支払われない場合、借地人に「地代を払って」と地主が請求し、それでも払ってもらえない場合には、最終的に裁判所の手続きで借地契約を解約し、自分の土地の上に何の権限で建物を建てているの？　とその建物を収去してもらう判決をもらいます。

借地人が建物を収去してくれなければ、地主が判決を持って、ようやくその建物を撤去することができるというわけです。
本来その費用は借地人負担ですが、払ってもらえなければ地主が支払う他ありません。大変な手間がかかる話ですが、土地を貸すということは、そういうリスクを背負うことでもあるのです。逆に言えば、そこまでの手続きをしない限り、地主が借地人の建物をどうにかすることはできないということになります。

今までの日本の多くの土地は、子孫が脈々と続いてきたので「一度貸した土地は、なかなか返してもらえない」と嘆く地主が多かったのです。
土地を借りる方からすれば土地ごと建物を所有するより、土地を借りて、その子孫が建物だけ建替えたりしながらも地代を払う方が、ずいぶん安上がりだからです。しかも借地の契約は、建物と違って長期なので、地代さえ払っていれば、期間の限られた定期借地でない限り、延々と土地を利用することができました。

しかし今のこの**少子高齢化社会は、この借地の制度にも大きな問題を投げかけて**

います。

要は借地を引き継ぐ相続人がいなくなるケースが増えた、ということです。

今回の場合、もともとの借地人は親の代から借地人たる地位を引き継ぎました。建物を建て替えることなく使っていたので、築70年近くの古家になっていました。それでも地代とわずかな固定資産税を払うだけで済んだので、住居にかかる費用としては激安だったことでしょう。

借地人は生涯独身だったので、子どもはいませんでした。亡くなった後、この家で一緒に育った弟が、そのまま住み続けた後、亡くなったということです。どうやら弟も、一度も結婚したことがなさそうでした。

渡邊さんご夫妻がすべきことは、借地人の相続人を探すことからでした。

ご依頼を受けて調査していくと、借地人は、男二人、女二人の4人兄弟、本人と弟が亡くなり、86歳のお姉さんと、亡くなっているもう一人の姉の子ども二人が、相続人であることが判明しました。

この場合、話し合いでの解決法は、2通りです。

1つ目は、この相続人の方々が建物を取り壊し、更地にして借地を返す方法。

2つ目は、いったん建物を相続人の方々に相続してもらい、その建物を渡邊さんご夫妻が買い上げ、自分たちの建物になったところで取り壊すという方法です。

その後、いろいろありましたが、数ヶ月かかって、渡邊さんご夫妻は建物を無事取り壊すことができました。

渡邊さんご夫妻は、他にも親の代から相続で受けた借地を持っていました。今回のことでよほど堪えたのか、全ての借地人の方にお手紙を出し、情報の収集に力を入れました。収集した内容は、次の2点です。

●相続が発生した後も、借地を使い続ける予定かどうか

●借地を使う予定がない場合、建物を地主に売却し、建物を借りるという選択肢があるかどうか

自分たちの土地であるにもかかわらず、建物を勝手に処分できないくらいなら、建物を買い取って、地代にプラスアルファ程度の家賃で住み続けてもらう方が、トータルの手間と費用がかからないことを学んだ結果でした。

想定以上に借地人からも回答を得られて、ここから時間をかけて**借地人とは解決策を検討していきます**と安心した様子でした。

ここまでする地主は、まだまだ少ないと思います。

逆に土地を借りている人は、自分自身で、その土地をいつまで借りるのか、自分が最後になる場合には、どのようにして建物を処分して土地を返すのか、その辺りもしっかり考えて備えておかないと、地主や相続人に大変な迷惑をかけることになりかねません。

今までは脈々と子孫が続くことが大前提でしたが、今の時代は自分で終わることを想定していかねばなりません。

繰り返しになりますが、高齢になって、想像力を働かせて考えることはなかなかできないことなのです。**自身が、もしくは親が借地に住んでいる場合、借地の契約がどうなっているのか、どういう条件で土地を返すことになっているのか、きちんと把握**した上で、対策をしておきましょう。

◉まとめ◉

その借地、誰が引き継ぎますか？
クリアな頭のうちに
対策をしておきましょう

case
14

一人暮らしの自分が
孤独死をしないか
今から
とても心配です……。

賃貸はもちろんですが、持ち家で亡くなる方がリスクが高い場合も

人は家の中か、家の外か、どちらかで亡くなります。家の中で亡くなる＝事故物件になってしまうと不動産の資産価値が下がるので、国交省は2021年に事故物件のガイドラインを発表しました。

大きくは自殺や事件の場合には事故物件となりますが、病死の場合は事故物件にはなりません。ただし発見が遅く、特殊清掃が必要になれば事故物件となります。

事故物件と言えば、どうしても賃貸物件をイメージしやすいのですが、持ち家でも同じことです。特に密閉度の高いマンションの場合、室内で倒れていても気付いてもらいにくいものです。

賃貸物件なら、家賃が支払われないからおかしいと家主などが気付き、さらに連絡がつかないと安否確認で家主側が室内に立ち入ることもあります。

一方で分譲マンションの場合、管理費や修繕積立金は銀行からの自動引き落としなので、そこから気付かれることはほとんどありません。

まして条件のいい物件ならある程度の広さもあります。玄関から遠く離れた部屋で倒れた場合、気が付くのは悪臭等がしてからになるでしょうから、その時には相当腐敗が始まっています。

そうなるとその部屋だけでなく、マンションそのものの資産価値も下がってしまう可能性があります。当事者の家族（相続人）だけでなく、赤の他人のマンションの所有者の方々にまで、迷惑をかけてしまうことにもなりかねません。

室内で倒れて一番困るのは、浴槽の中で亡くなることです。保温機能が作動中のお湯の中で亡くなった場合、人の体は腐敗が早く進み、お汁状になってしまうこともあるのです。そうなると臭いは大変なもので、ユニットバスごと交換したとしても消えないという話も聞いたことがあります。

換気口を通して別の部屋でまで臭ってしまったら……。考えただけでゾッとしませんか？

夫婦で住んでいるから大丈夫！　というのも大きな誤解です。

夫婦であっても、どちらか片方が亡くなったり認知症になったりすれば、残された方は「おひとりさま」です。

そのおひとりさまが倒れた場合、誰が気が付いてくれますか？

毎日欠かさず、誰かと連絡を取り合いますか？　連絡がつかなければ、すっ飛んできてくれますか？

もしくは見守りサービス、利用していますか？　その見守りサービスのアラート、誰が受けてくれますか？　３６５日対応してくれますか？

そもそも毎日心配して連絡を取り合える家族がいるなら、見守りサービスを利用する必要はありません。見守りサービスの難しさは、そのアラートを受けてくれる人がいないことなのです。

セキュリティ会社が、部屋の鍵を預かってくれるサービスがあります。何かあれば駆け付けて、鍵で入室までしてくれます。

でも彼らができることは、倒れているあなたを見つけて救急車を呼んでくれるまで。入院等の手続きはしてくれません。

それは仲の良い友人や近所の知人に、鍵を預けていたとしても同じことです。もともとは先方も、好意で鍵を預かってくれたかもしれません。でもその鍵が必要になる時は、こちら側が弱っている時。

たとえば認知症の兆候が見られるようになると、大切な物やお金を自分で泥棒に見つからないように隠してしまい、それを忘れて「泥棒が入った」と大騒ぎになることが多々あります。

そのような中で、鍵まで持っている友人がいたとしたら、好意で預かっていたにもかかわらず、泥棒呼ばわりされかねません。そこで一気に、今までの良好な関係性は崩れてしまいます。こんな悲しいこと、ないと思いませんか?

しかも万が一の第一発見者って、事件性を疑われて延々と警察から事情聴取を受ける羽目になってしまいます。だから**安易に鍵を預けるだなんて、絶対にしちゃいけないこと**なんです。

もっと高齢になれば、介護サービス等を受けて、週に何回か誰か立ち入ってくれるかもしれません。むしろそうなった方が安心で、先にお話ししたような孤独死が多いのは、圧倒的に単身の現役世代なんです。

自分はまだまだ高齢者でもないから大丈夫、そんな風に安易に考えていたら、物件の価値を下げてしまうことにもなりかねません。

一度自分が室内で倒れた時のこと、想定してみてください。

誰が気付いてくれますか？　どのようなルートで誰に連絡が行きますか？　自分に必要なのは、どのような見守りですか？

そういった対策を高齢になってから考えるのは、なかなか難しいもの。

自分の不動産の価値を下げないためにも、同じ建物の方々に迷惑をかけないためにも、**最悪のことをどうすれば避けられるのか、クリアな頭の現役世代のうちに考えておいてください**ね。

◉まとめ◉

自分が室内で倒れた時のことを想定して対策を今から立てよう

case
15

賃貸の場合、
家賃を死ぬまで
払い続けられるか
不安です……。

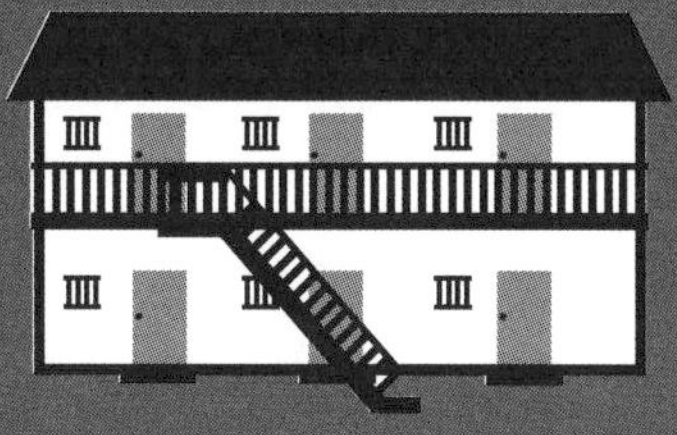

「人生の最後をどこで迎えたいかはライフプランとも関係してきます」

ミズエさん（仮名・73歳）が、家賃を滞納しているということで、家主から私のところに明け渡しの訴訟手続きを依頼されました。家主は毎月のように督促をしますが、のらりくらりとかわされてしまい、6万5000円の家賃なのに、既に20万円近く滞納になっているとのことでした。

この話のポイントは、賃借人の年齢が73歳ということ。そして家賃が生活保護の受給レベルより高いということです。

ミズエさんは、まだ働いていました。

その理由はただひとつ。**もらえる年金がほとんどないからです。**ミズエさんは国民年金の対象で、さらにこれまで年金をほとんど払ってこなかったため、今働いて得る収入だけが頼りです。73歳の現時点で、働いていること自体がすごいとは思いますが、近い将来に働けなくなる時がきっときます。その時には、収入は途絶えます。そうなるとどうやって生きていくのでしょう……。

あとは生活保護を受給するしかなくなります。でも生活保護を受給するためには、その受給ラインの家賃帯、つまり5万3000円以下（金額はエリアによって変わります）の物件に住んでいないといけません。

生活保護の受給ラインより高額な家賃の部屋に住みながら、家賃補助は受給できません。最後のライフラインだからです。

ミズエさんは、もっと早く**今より家賃の安い物件に、引っ越しをしておかなければいけなかった**のです。そうすれば家賃補助が受けられたはずです。

でも人は、先のことをそうそう考えられません。少なくとも高齢になると、多角的に物事を考えるということが苦手になるようです。

73歳という年齢で、ヘルパーとして働いているのは体力的にもかなりキツイと思います。仕事を終えて家に帰れば、ただもう何も考えずに体を休めて寝るだけになってしまうのでしょう。

訴訟の手続きに入ると、ミズエさんは「わたしに死ねと言うのですか？」と連絡をしてきました。

もちろんそんなことは、一言も言っていません。でも「契約を解除したので、退去してください」と書かれた訴状を読んで、ミズエさんは「もう生きてはいけない」と思ったのかもしれません。

長年住み続けてきたのですから……。そう言いますが、賃貸物件の場合、家賃を払わない人に部屋を貸し続けることはできないのです。家主だって、ビジネスで賃貸経営をしているのですから、家賃を払ってもらえないなら、退去してもらってきちんと払ってくれる人に借りてもらいたい、そう考えるのは当然のことです。

ミズエさんは、法廷では、急に弱気になって「他の部屋を借りられないし……」

と言い出しました。裁判官も同情的にはなりますが、払えない以上仕方がありません。

たまたまミズエさんの住んでいるエリアは、低所得の方々への居住支援を手厚く行っている地域でした。そういうエリアは、明け渡しの判決書を持って行政の窓口へ相談に行くと、緊急性があるということで担当者も頑張ってくれることが多いのです。

ミズエさんにもその旨をしっかりお伝えして、窓口へ行ってもらいました。

結果として、空いている公営住宅に入居することができました。

先にもお伝えしてきましたが、**民間の賃貸物件は、今現在、高齢者になると本当に部屋を貸してもらえません**。この先は日本の人口がどんどん減り、高齢者が増えてくるので状況も変わるかもしれませんが、劇的に変化するとは私には思えません。

だから目先のことだけでなく、この**家賃を自分は死ぬまで払い続けることができるのか、ということを考えて欲しい**のです。

働いている間は払えても、いつか体力的にも働けなくなる時がきます。賃金だって下がることはあっても、高齢者になって上がることは、普通はほとんどないと思います。

長期的に人生設計をすることは、本当に重要なことだと思っています。

先日も50歳前後の夫婦が、家賃を滞納しているということで家主からご相談を受けました。二人の収入内で生活ができず、消費者金融からもお金を借りていました。連帯保証人になっている80歳近いお父さんが代わりに払ってこられましたが、「もう援助を続けるのは無理だ……」となり、訴訟手続きになったのです。

50歳前後の夫婦が家賃を50万円も滞納しているということは、貯金を隠しもっていたら話は別ですが、基本はお金がないということ。この年代で貯金がないというのは、本当に将来が厳しいことでしょう。

「老後2000万円問題」ではないですが、ある程度の貯金がないと、最終的には生活保護しか生きる術はなくなってしまいます。もちろん最後のライフラインですから、頑張った末に仕方がなければ胸をはって受給して欲しいとは思いますが、それまでにも家賃が払えないなら安い物件に移転する、収入を増やす、などの努力はして欲しいなと思うのです。

お金に追い詰められると、視野が30センチになってしまいます。そうなると、今日の「今」のことしか考えられなくなるのも仕方がありません。それは高齢者になっても、同じことです。

だからこそクリアな考えができるうちに、しっかりと今後をどうしたいのか、そのために何をすれば良いのか、考えて欲しいのです。

高齢者向けの住宅も、いろいろな種類があります。有料老人ホームから、グループホーム、サービス付き高齢者住宅等々、たくさんあります。それらを早くから把握しておくのも良いかもしれません。実際に入所を考える時期に選んでと言われても、よく理解できないからです。

どのような種類があって、どのようなメリット・デメリットがあって、自分はどうしたいのかを考え、**先に見学しておくのも悪くない**と思います。

そしてまずは、今住んでいる家の家賃を最後まで払い続けられるかどうか、現状を把握することをお勧めします。

◉まとめ◉

自分が家賃を払い続けられるかどうか持ち金も含め把握しよう

高齢者住宅の種類や特徴

意思決定支援者の必要性 ≒ 身元保証人

《費用》 高い ─ 低い

《介護度》 低い ─ 高い

住宅型有料老人ホーム 高齢者向けマンション

主に健康な高齢者が対象。入居する高齢者に対して「入浴・排せつ・食事の介護」、「洗濯や掃除などの家事」、「健康管理」、「食事の提供」といったサービスのうちいずれか1つ以上を提供する施設のこと。主に民間事業者が運営している。

介護付有料老人ホーム （特別施設）

要支援または要介護認定を受けていて、介護が必要な高齢者を対象にした有料老人ホーム。「食事サービス」「生活支援サービス」「介護サービス」といったサービスを受けながら暮らすことができる。

サービス付 高齢者住宅

「サ高住」とも呼ばれ、要支援または要介護認定を受けた人向け。バリアフリー化された建物で、安否確認・生活相談サービスを受けられる賃貸住宅。個室の広さや廊下の幅などは認定基準が設けられている。

認知症 グループホーム

認知症の認定を受けた人が、少人数で共同生活を営む施設のこと。可能な範囲で互いに家事の分担や助け合いを行うことで、認知症の進行を遅らせる狙いがある。認知症の専門スタッフが常駐しており、生活のサポートを受けられる。

特別養護 老人ホーム

要介護3以上の認定を受けた人が対象。24時間スタッフが常駐しており介護や生活支援サービスを受けられ看取りまで対応してもらえる。公営施設なので費用が比較的安価なうえ施設倒産のリスクなどがないため人気が高い。

軽費老人ホーム （ケアハウス）

一人暮らしに不安を抱える高齢者が生活を送るための施設で、一般型と介護型の2種類あり。介護型は、原則要介護1以上の認定を受けた65歳以上の人が対象。生活支援だけでなく、介護やリハビリのサービスも受けられる。

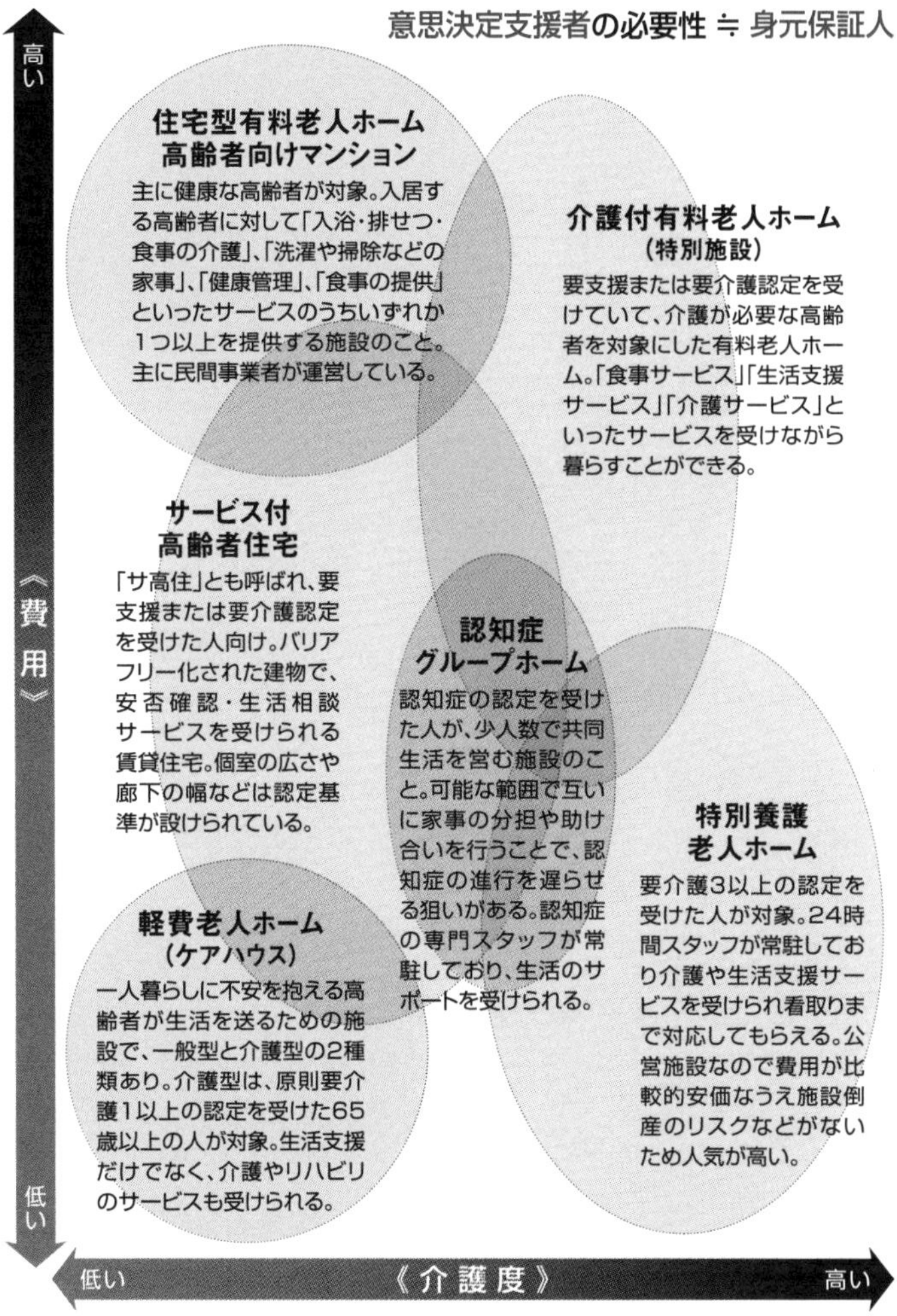

[第3章]

おひとりさまリスク

健康の問題

case
16

一人暮らしで、
自宅で倒れた時のことを
考えると
恐ろしくなります。

「40代、50代の現役世代こそ倒れたら誰も助けてくれません」

ついつい人は、今の元気な自分を基準に考えます。でもある日突然に異変に気が付いて、がんを宣告されるかもしれません。そこまでの大病でなくても、コロナウイルスに感染して、自宅療養になれば心細くもなります。ただの風邪であっても、熱が高くなると「どうやって病院に行こうか……」と考えるでしょう。

第2章でもお伝えしましたが、**今はさまざまな見守りサービスがあります**。シーリングライトが、人の動きを感知するものがあります。電球が24時間点きっぱなし、もしくは一度も点灯していないことでアラートが出るものもあります。湯沸かしポットを一日使用していないと連絡が入る、というものもあります。

ただサービスその全てについて言えることですが、アラートが出ても、それを誰が受けるか、ということが問題なんです。

だってちゃんとアラートを受けてくれる存在がいるなら、別に見守りサービスを利用しなくたって毎日連絡を取り合うことができますよね？　1日1回でも連絡を取り合っていたら、最長でも24時間以内に異変を感じ取ることができます。

そうなると見守りサービスは不要になりませんか？　今の日本でのこういったサービスの基準は、全て「駆け付けてくれる家族がいる」ことが前提です。

でも子どもがいたとしても（私もそうですが）ひとりっ子で、しかも離れて暮らしていれば、どんなに早く駆け付けたとしても半日くらいはかかってしまいます。子どもには子どもの生活もあります。そしてどんなに気持ちがあったとしても昔の「サザエさん一家」のようなサポートは難しいはずです。

そうなると結婚していようとしていまいと、パートナーや子どもがいようといまいと、今の時代、**自分で自分のレスキュー部隊を備えておかねばならないのです**。

高齢者になって、もし介護サービスを利用するようになれば、週の何日かはデイサービスに行ったりするようになるでしょうし、部屋に来てサポートをしてもらったりすることにもなります。そうなると体調不良も早く察知してもらえます。

問題はまだまだお仕事している、現役世代ではないでしょうか？

私の悪い癖は、休みの前日に熱を出すことです（笑）。ぎりぎりまで頑張って、明日休みだ、と気が緩むと一気に体調不良となります。そうなると仕事場のメンバーも分かりません。平日の出勤日なら、出社しない私を心配してくれるでしょう。でも週末となれば、気付きようがないのです。

そこで不安になったことが何度もあります。体調不良になると、急に弱気になっていろいろと思案し出すのです（笑）。

私の住んでいるマンションは、エントランスがオートロックになっています。もし熱どころではなく、もっとひどい不調で救急車を呼んだ場合、私の意識が救急隊到着まで持つとは限りません。あったとしてもインターホンまで行って、エントランスのロックの解除ができるとも限りません。

そうなると自分がロックの解除をするなどの動ける余裕がある時以外、救急隊の方々には迷惑をかけるのだなあ、ということに気が付きました。

さらに、この問題をクリアにするなら、24時間コンシェルジュがいるようなマンションに住むとか、オートロックがないような部屋に住むとか、誰かが異変に気付いてくれるような共同生活的な環境を選択するとか、何かしら住む場所を変えた方がいいのかもと真剣に考えてしまいました。

ひとり住まいなら、50代から万が一の時のサポートをしてくれる存在を準備しておくのも必要なのかもと思います。

「まだ早い!」という声も聞こえてきそうですが、**安心を買うということを、これからの時代、高齢者だけでなくもっと若い世代が意識する必要がありそうです。**

偏屈な性格で、親族と没交渉だった叔父さんが亡くなり、姪っ子さんからその後片付けを依頼されたことがありました。

その叔父さんは、畠山さん（仮名・76歳）といいます。畠山さんは東京の外れにある公営住宅に住んでいました。一族からは「偏屈者」と呼ばれ、畠山さんからも親族の誰ともコンタクトを取ってはいませんでした。

ところが畠山さん、**亡くなってすぐに発見された**のです。

親族からは、あれほど煙たがられていたのに、です。

理由は簡単でした。公営住宅には同じ年ごろの方々がたくさん住んでいて、畠山さんは毎日のようにその人たちと朝食を共にしていたからです。

他愛もないことを喋りながら、コーヒーを飲んだり、パンを食べたり。それぞれその日の気分で各人が思い思いに過ごしていました。時間も縛りはありません。ただ公営住宅横の喫茶店で、9時以降に顔を合わせていたようです。

「喋りたくない日は、それで良いの。そんな日は、隣のテーブルで喋らずに食べれば良い。新聞読んでいる時は、誰も話しかけない。喋りたい人は、喋る。とにかく自由なの！　ただ毎朝顔だけは合わせようっていうのが、私たちのルールでした」

そう教えてくれたのは、畠山さんの異変に、いち早く気が付いた向かいの部屋に住んでいる貴子さん（仮名・67歳）でした。

「畠山さんは几帳面でね。雨降って使った傘を、いつも玄関のところに広げて干していて。しっかり数時間で片付ける人なのよ。出しっぱなしにしないの。私なんて大雑把だから、翌日出かける時に気が付いて片付けるくらいなのに。

それがさ、その日は夜もそのままで、朝になっても片付けてなくて。こりゃ大変だってベル鳴らしても反応ないから、すぐに管理人さんに連絡したら……。

人って、こんなにも簡単に亡くなることもあるんだなって思ったわ。だって前日の朝には、いつものように一緒にモーニングをしたのよ」

畠山さんは、持病で腎臓が悪かったようで、定期的に病院にも通院していました。服用していた薬もあったようです。最終的には心筋梗塞で亡くなりました。

確かに拘りの強いところもある性格でしたが、仲間たちは別に家族ではないから、深く関わり合うわけじゃないし、さしてその「偏屈」も気にならなかったと口々に語っていました。

たまたま今回は畠山さんが最初に亡くなったけど、この先、誰がどうなるかは分からない。だからこの**付かず離れずの関係性が、ひとり住まいには心強い**ともみなさん話してくださいました。

後日談ではありますが、この畠山さん、株の投資をかなりやっていて、4千万くらいの資産がありました。独身だったので、相続人は兄弟姉妹です。残念ながら遺言書がなかったので、「偏屈者」と言って長年まったく関わっていなかった親族に遺産は分配されていきました。

毎日笑って朝食を食べていた仲間に渡すつもりはなかったのかな、それとも拒否されても親族をどこか求めていたのかな、あるいはそもそも遺言書を書くという認識がなかったのかな……。いろいろと考えてしまいましたが、今となれば畠山さんの真意は誰にも分かりません。

それでも部屋は、男性のひとり住まいにすれば片付いていて、通帳や手帳等もひとまとめにしてあって、遺産整理をする者とすれば非常に助かりました。もしかしたら持病もあったので、ご自身が亡くなる時のことを考えていたのかもしれません。そう思ってしまうほど、部屋は整理整頓されていました。

荷物は業者に片付けてもらい、公営住宅には解約の書面を出して終了です。

仮に今夫婦二人で住んでいたとしても、同時に亡くなることはほとんどありません。片方が認知症になってしまったり入院してしまえば、**遺された方はその瞬間から「おひとりさま」**なのです。

もし子どもがいたとしても、『サザエさん』一家状態でないなら、頼るといっても限界があるでしょう。

今の高齢者と、今の40代50代が高齢者になる時代では、大きく状況は違ってくるのです。生まれてくる時は自分ではコントロールできませんが、死ぬ時のことや倒れる時のこと、誰かのサポートが必要なことは想像できるし、それに対して自分で備えることは可能です。

いつまでも元気で万全はありえません。若いうちから備えておいても、早すぎるということはありません。**気が付いた時が、備えるスタート**だと思いましょう。

◎まとめ◎

自分が倒れた時に
誰が見つけてくれるのか
想定してみよう

case
17

自分の介護認定なんて
まだまだ
先のことのようで
何も考えられません……。

「自分で判断できない状態だから「介護」が認定されるのです」

介護サービスとは、介護が必要になった人が利用できる介護保険適用サービスのことです。このサービスを受けるために、私たちは40歳から介護保険料として税金を納めてきている訳です。

このお金って一体何のため？

介護保険制度がスタートしたとき私は、漠然とまた社会保険料が増えた……としか思っていませんでした（笑）。

一般の方々が介護サービスを身近に感じるのは、親がサービスを受けるために要介護度の認定の申請をする時かもしれません。

介護サービスは、介護度によって受けられるサービスが違いますし、金額も変わってきます。そのため**サービスを受けたい場合には、まず要介護度がどうなのか、**

ということを認定してもらわねばなりません。

サービスを利用したいという当の本人が、自分のために要介護度を調べてもらう申請等はなかなかできません。楽々そのような手続きができる状態なら、要介護の状態ではないからです。

私がこれまで携わった賃貸トラブルの中で、最高齢だったのが93歳と89歳のご夫婦でした。

家主から、夫婦が住んでいるワンルームの家賃を払わないので、明け渡しの訴訟手続きをして欲しいと依頼されました。当時家主は、賃借人のことを70代の夫婦だと言っていたのです。高齢者だから大変かなと漠然と思っていましたが、住民票を取得してみると、93歳と89歳という年齢。家主が言っていたことと現実との差や、この年齢の夫婦が高齢者施設ではなく民間の賃貸住宅に住んでいるということに、正直びっくりしました。

電話で93歳の賃借人と話してみると、耳も遠くなく、受け応えもしっかりしています。家主が70代と間違うのも、理解できました。

ところが裁判所で実際に会ってみると、夫は何かに掴まらないと歩けない状態。普通なら車いすなのでしょう。この状態で裁判所にまで来たことには驚きましたが、その姿はどこから見ても90代でした。

裁判官が家賃を滞納している事実等を確認すると、耳は遠くないので、外見からは想像もできないくらいはっきりとした口調で「分かっているけどお金がないから払えなかった」と認め、首を垂れるだけでした。

滞納している事実があり、今後改善される見込みもないため、裁判では明け渡しの判決が言い渡されました。この時ばかりは、裁判官に「太田垣さん、あとはお願いしますよ」と言われてしまいました。

裁判官とすると、歩けないほどの高齢者を強制執行で退去させるのではなく、行政等と連携してよしなに取り計らってくださいと言いたかったのでしょう。

正直、司法書士として、そこまでしなければいけない義務はありません。ただ確かに放っておくには、あまりに忍びない感じです。乗りかかった舟ですから、できるサポートはしようと私も腹をくくりました。

93歳の賃借人は、自分で事業をしていたらしく、その頃には「とにかく稼げばいい」と年金等も納めていませんでした。そのため年金収入はなし。事業収入がどんどん先細り、僅かな貯金を取り崩して生活していたようです。

今回のワンルームはもともと事務所として借りていましたが、居住用の家賃も払うことができず、そこを引き払って家賃が安い方の仕事場であるワンルームに移り住みました。

実際にマンションに行ってみると、事務机が2つとキャビネットや複合機が、所狭しと置かれています。夫婦は机の脚元に自分の足を入れ、体をくの字にして寝ていたと言います。薄っぺらい掛け布団的なものはキャビネットの上にありましたが、敷布団はなかったので、カーペットの上に直に横たわっていたのでしょう。この年齢で布団の上で寝られていないことも、自己責任と一言で片付けられる問題ではなく、**福祉の手から完全にこぼれ落ちた結果**でもあると感じました。

この夫婦にはひとり娘がいました。ただアメリカ人と国際結婚し、渡米。定期的にテレビ電話等でコミュニケーションを取っていましたが、孫二人は英語しか喋れず、夫婦は日本語のみで英語が喋れません。そのため娘を介して、孫とのコミュニケーションを図っていました。

ところが娘さんが、60代で他界。そうなると家族との関係が、完全に切れてしまいます。自分たちの兄弟も年老いて、既に亡くなった者、認知症になった者、誰がどうなっているかも分からない。長年、親戚付き合いもなかったのでしょう。頼みの綱のひとり娘が先に亡くなり、今さら親族を頼ることもできません。

「自分たちがその日生きることで精一杯だった」と、口から洩れた言葉が全てを語っている気がしました。

さらに驚くことに、何かにしっかり掴まらなければ歩けず、歩けたとしても数メートルをかなりの時間かけて移動するという状態にもかかわらず、**夫婦は介護認定も受けていませんでした**。さらに驚愕の事実として、**介護保険適用のサービスの情報も夫婦は把握していませんでした**。

もしかしたらどこかで、耳にしたこともあったかもしれません。でも自分たちがサービスを利用することができるとか、利用するためにどうしたらいいか等のノウハウを得ることはありませんでした。

年を取るって、そういうことなのだな……。

電話の感じだと、70代にしか思えなかったくらいしっかりし、頭の回転も速く、実年齢が93歳と聞いて私は腰を抜かすほど驚いたにもかかわらず、やはり内情的には知力や気力、体力は確実に衰えていたのでしょう。

その後どうしたかというと、まずは介護認定を受けることからのスタートでした。

介護認定を受けた後、行政の力も借りたかったので、私は役所の高齢者福祉課に行きました。

一昔前は民生委員が地域を巡回し、高齢者含め要支援の人たちをサポートしていましたが、今の時代、民生委員も高齢になり、新たになろうという人も少なく、結局のところ「私を助けてください」と声を上げた人しか気付いてもらえない世の中になっていることを実感しました。なぜなら高齢者福祉課にとっても、この夫婦のことはまったくのノーマークだったからです。

今現在でもこれですから、この先20年ほど経ち、高齢者がさらに増えれば、ますます個々が知識をもって対処しておかないと、誰も助けてくれない社会になるだろうな……、とその怖さを感じました。

夫婦の経済状況から精査すれば、生活保護の受給対象かもしれません。この夫婦がこの先、民間の賃貸住宅で生活できるとも思えません。要介護3以上であれば、特別養護老人ホームに入所できます。ここは収入によって入所の費用も変わるので、民間の有料老人ホームと違って、低所得でも空きがあれば入所できます。その分人気も高く、かなりの人が入所待ちになるのが常です。

そこでここからは福祉課の担当者である木村典子さん（仮名・32歳）と、タッグを組んで進めていきました。

夫婦はふたりとも要介護3。あとは受け入れてくれる施設を探さねばなりません。私も木村さんも手分けして、それぞれ100件以上に問い合わせました。なかなか二人一緒に引き受けてくれるところがなく、苦戦です。

ひとりなら何とかなるのです。でも特別養護老人ホームは民間のものより低料金で入所できるので、そもそも空きが少ないのです。それでも今さら夫婦別々の施設には、入れられません。

諦めかけたころ、木村さんから電話がありました。

「ありました！　栃木で二人を引き受けてくれるところが見つかりました！」

嬉しいというより、二人ともホッとしたというのが正直な話です。

入所日を確認して、部屋の片付けの段取りも組みます。施設には身の回りの物しか持って行けないので、あとの物は業者に処分してもらわないといけません。そんなことも全て家主側が手配しなければ、本人たちは何もできない状態でした。

入所日、ホームの方が夫婦を迎えにきてくれました。私と木村さんで見送りましたが、夫婦の胸には、娘さんの遺影が抱かれていました。

そもそも長年家賃を滞納していた方ですし、何から何までこちらがお膳立てをし、荷物の処分費用も払ってはもらえません。家主の怒りは、十二分に分かります。でも高齢になって、誰にも頼れず写真を胸に車いすに乗っている夫婦を、怒りの矛先にはできませんでした。

これが日本の現実です。

情報がなければ、何もできないのです。制度が新しく創設されたとしても、事細かに個別には教えてくれません。大学の掲示板のように、張り出しているのだから、見ていない者は知らないよ……とは違うのです。

この先の日本では人手はどんどん減り、情報格差が大きくなります。

若ければいち早く情報を入手して理解し、自分に活かせます。でも高齢者になって、それができる人がどれだけいるでしょうか。子どもが親のためにサポートしてくれればいいのですが、頼れる家族がいなければ結局のところ取り残されてしまいます。

今回はたまたま賃貸の家賃滞納という事実から、問題が発覚しました。

もし持ち家なら、どうなっていたでしょうか。何がきっかけで、夫婦は施設に入所したでしょうか。

要介護の申請なんて、当の本人はできません。

あなたの申請、誰がしてくれますか？　離れて住む子どもに、何度も手続きのために来てもらいますか？　これからの高齢者は、自分の将来をある程度予想して、備えておかないと福祉の手から漏れてしまいます。

自分の申請を誰がしてくれるのか……。

今からしっかり考えて、託しておきましょう。

◎まとめ◎

自分で自分の
要介護申請なんてできません。
だったら誰がしてくれますか？

case
18

よく見かける
認知症保険。
入っておけば
安心ですか？

「必要な時は、自分は介護が必要な状態になっていることを忘れずに」

介護にはお金がかかるから、**認知症保険に入ろう的なコマーシャル、よく見かけます**。誰しもが認知症にはなりたくない、と思っているものの、この先は5人に1人が認知症になると言われています。そうなると費用がかかる、だから保険をかけよう、そう思ったとしてもおかしくはありません。

ただ現実は、そう簡単なことではありません。**まず認知症になった、ということを、どうやって保険会社に証明するかです**。さまざまな検査を受け、認知症専門医から診断書を出してもらわねばなりません。そのためには費用もかかります。

各保険会社によって、多少商品内容に差はありますが、認知症保険は大きく次の二つのタイプに分かれます。

A 初めて医師に認知症と診断された時に一括で支払われる

B 軽度認知障害と診断された時に一時金、その後認知症と診断されたときに残金が支払われる

ところがBの軽度認知障害（MCI）と呼ばれるものの診断は、通常は微妙なラインのためMCIの専門医でなくては難しく、一般的に診断書をもらうための検査に数万円かかります。

結果、5万円の支給のために、数万円をかけて診断書をもらうようなことにもなってしまうのです。しかもこれ、軽度とはいえ認知障害がでてきた自分自身で、検査の予約をして、検査をしてもらって、保険会社に支給の請求ができますか？ **自分でできるくらいなら、そもそもまだ受給できるレベルではないですよね。**

また認知症保険が求める「認知症」は、かなり認知症の度合が進んだ状態でなければ保険金は支払われません。「初めて認知症と診断された時」と聞けば、要介護1で支払われると思いきや、保険会社の基準はかなり厳しく、寝たきりに近い状態でなければダメなようです。

そうなるとたくさん検査をして、診断に係る大量の書面を提出してやっと支給されることになるのでしょうが、その手間暇を考えると本当に必要な保険なのか？と考えてしまいます。

しかもかなり認知症度が進まないと支払われないとなると、「介護にお金がかかるから」という理由でかける保険ではないような気もするのです。

ましてや当然、自分ではできなくなっていますから、ご家族の負担もかなり大きくなりますね。何日も仕事を休んでとか、遠方からサポートのために来てとなると、そもそも本末転倒になりそうです。

以前この認知症保険についてではありませんが、親の介護をしている息子さんから相談がありました。

自分は今、親の介護をしているが、自分の介護の時は誰がしてくれるのだろうと不安になった、ということでした。この方はまだ50代。私からすれば、早くそのことに気づいてくれて、良かったと思います。

実際の介護はプロにお願いしなければなりませんが、その手配や契約は、介護状態になった自分ではできません。おひとりさまは、今のうちにその役目を誰かに依頼しておかねばなりません。

もしこの先に結婚した、もしくは今結婚している人だとしても、相手が認知症になったり亡くなったりしたら、その瞬間から立派なおひとりさまです。さらにその頃になれば、自分も判断能力が衰えているかもしれません。

50代から、自分が介護になった時のことをイメージして、その手続きを誰に依頼するか決めて託しておく。その方が保険に入るより大切なことです。そして、これこそが本当の意味での「終活」というものです。

さらにその方は、若い頃に勧められて加入した、死亡保険があるとのこと。その受取人は現在、彼が介護をしている母親でした。自分が死ぬ時には、高い確率で母親は先に亡くなっているはず。だからこの死亡保険金をどうしたらいいか、という質問も受けました。

一般的に、死亡保険金は、親族ではない第三者は受け取りができません。これは簡単に第三者が受け取れるようにすると、犯罪に使われる可能性が高いからです。死亡保険金をかけさせ、殺して保険金を受け取る、そんな怖い話は洒落にならないので慎重なのです。そんな中で最近の保険会社の中には、死後事務委任契約を締結した場合、その受任者が第三者として受け取りが可能として、死亡保険金を支払うというところもでてきました。

死後事務委任というのは、亡くなった際の最後の支払いをしたり、火葬や葬儀、納骨等をしたり、さまざまな亡くなった後の手続きを依頼する契約です。当然にして本人は亡くなっているので、予めかかる費用を預かるしかありません。でも預ける方も、まとまった費用となりますから痛手です。これを死亡保険金から支払ってくれたら、本当に楽だと思いませんか？

自分が亡くなった後の費用、頼れる家族がいれば支払ってくれるでしょう。でも誰も頼れる人がいない場合、**亡くなった時の費用をどう払うのか、誰が亡くなった後の事務処理をしてくれるのか、そこはもう自分で備えておくしかありません。**ぜひ有益な保険を利用しながら、自分で自身の備えをする、この考えが広がって欲しいなと思っています。

◉まとめ◉

認知症保険は必要かどうか
しっかり自分で見極めよう！

case
19

入院をするにも
身元保証人が
必要だとは
知りませんでした……。

「元気になって退院できるとは限らないのが入院です」

老人ホームに入所するなら、身元保証人が必要ってことは分かります。**でも入院するにも必要なんです**、という話は序章でもしました。

人は入院する時に、当然元気になって退院することをイメージしています。でも退院せずにそのまま亡くなってしまう、ということもアリなんですよね。

私の話で恐縮ですが、以前、かなり長い期間体調が悪く、それでも休めず、今から考えたら本当に体を酷使していた時がありました。

足も浮腫み、全身が鉛のよう。だるくてだるくて仕方がありません。

そんなある日、仕事に行くつもりで朝起きたら、40度近い熱が出ていました。さすがにこの状態では仕事にも行けず、そもそもこの発熱って何が原因なの？　と不安にもなり……。

たまたま同級生が病院で麻酔科医をしていたので、彼女に何科に行けばいいのかと軽い気持ちで連絡したら、「すぐにタクシーに乗って、病院に来い。救急外来に連絡しておくから」と。さらに「のんびりしている場合じゃない」と脅され、お金を握りしめてタクシーに乗りました。

救急外来では何人もの医師たちに囲まれ、質問される間に、どんどん検査が始まります。正直すごいなあ～なんて感動もしたものです。

そこで即入院の結果が。あぁ、入院なんだ、仕事できないな、なんて思いつつ、自宅で不安なままいるより、友達の勤務している病院なら安心だわなんて気軽に考えていました。

そこで、です！

さて部屋に入って、誰が入院の手続きをするのか、ということになったのです。

当時私の息子は海外にいて、その他の家族である姉とはあまり交流もなく。でも病院としたら、それでは困るんですよね。

「息子さん、一時帰国できないのでしょうかね？」

えーーー、そんなに重病じゃないでしょう？　と私は一気に不安に。

「お姉さんって、大阪なんですよね？　新幹線で来られませんかね？」

えーーーー、そんなこと頼めるはずがない……。仮に頼んだとしても、断られるに決まってる……。

すると病院は頭を抱えるわけです。

そりゃそうですよね。ここで万が一のことがあれば、病院だって困ります。**入院する際には、やはりすぐに対応してくれる「身元保証人」が必要なんです。**

そこまで重病ではなかったことと、同級生がいるということで、その時は特別に退院時に入院の手続きを自分がするという便宜を図ってもらえました。でもこれは、病院側からしたら、はた迷惑な話。反省することしきりでした。

そしてそれ以来、自分が入院する、という時にでもやはり家族に迷惑をかけてしまうのだな、という思いが頭に刻み込まれました。

皆さんは、ご自分が入院するとなった時、誰が入院手続きをしてくれますか？

結婚していなくても、一緒に住んでいるパートナーとか長くお付き合いをしている人とか、そういった人をイメージされる方もいるかもしれません。でも自分が入院する際、そのパートナーがすでに認知症になっていたり、手続きできない状況になっているという可能性もあるのです。

昔はもう少し緩い扱いを病院側もしていたのでしょうが、万が一の時に家族が対応してくれないとか、入院費を払ってもらえないということが増え、結果どんどん厳しくなっているようです。

もちろん救急車で深刻な状態で運ばれたら、病院だって「身元保証人がいるのかな」なんて考えずに、全力で対応してくれます。この場合は病院の事務局が、患者のお身内とかを探していくのでしょう。日本は戸籍がありますから、自分では何年も会っていないような人にまで、連絡がいく可能性もあります。

そんなことを考えると、自分の「身元保証人」を自分で決めておく必要性は分かってもらえると思います。今は子どもの人数も少なくなったり、近くに住んでいなかったり、そもそも頼れるような関係性ではないという人もたくさんいます。この先、一度も入院することなく亡くなることは、一般的にはほとんどないでしょう。だからこそ今から決めて託しておきたいものです。

また入院だけではありません。

たとえばひとりでいる時に、転んで頭を打つとします。頭から大量の血が出て、自分は気が動転するし、頭の怪我って血がたくさん出るし、何か深刻なことになったらと、ちょっと怖いですよね。そこで善意で、救急車を呼んでくれたとします。

救急隊は処置をしながら、受け入れ病院を探してくれるのでしょうが、その際に必要な情報として聞かれるのは、もし入院にならなかった場合、自分ひとりでちゃんと家に戻れるかどうかということ。

誰かが一緒に救急車に乗り、帰りも連れて帰ってくれるなら問題ありません。そうではなくて、**治療後にひとりで帰れないとしたら、病院は大変なことになってしまいます**。だから神経質になるのでしょうね。なかなか受け入れを認めてくれないのです。

きっとここに至るまで、ひとりで帰れない人がたくさんいて、病院側も対応に苦慮した経験があるのだろうなと推測してしまいます。

もちろんここでも、生死にかかわるような場合には、どのような状況でも受け入れるのでしょう。ただ誰かサポートしてくれる人がいなければ、救急車で運んでもらうことも大変なんだということは知っておきましょう。

◎まとめ◎

意外と知られていませんが身元保証人は入院でも必要です！

case
20

いざという時、どこまでの治療を受けるか決めた方がいいですか？

「遺された人たちが迷ってしまうケースは意外と多いのです」

日本人はとかく「お金のことを口にするのは、はしたない」「死ぬ時のことを話すのは、縁起が悪い」そう刷り込まれてきた気がします。

それが「老後2000万円問題」を発端に、**国民一人ひとりがそれぞれ自分の老後のお金を貯めなければならない**ということを自覚し始め、それに関連して「投資」という単語もお馴染みになったほど状況は変わりました。

同時に「終活」という言葉も、かなり浸透したと思います。

それでもまだ、いずれ自分も認知症になっていったら……と弱ってくることを受け入れられない人が多いのも、先の刷り込みの話からすると、仕方がないことかもしれません。

私の父は、「自分は死なない」「自分はボケない」と豪語していました。

二人の娘は、税理士と司法書士。知識のある専門家が家族に二人もいるというのに、二人からのどんなアドバイスにも、耳を貸しませんでした。

父は、確かに体力がありました。鍛錬もしていました。10階くらいまでは若い頃からエレベーターを使いませんし、孫を抱くと胸筋が発達して家族を驚かせたくらいです。父が自分は「死なない」と言うと、あり得ないと分かっていても「もしかして……」と思わせるくらい、生命力がありました。

そんな父にも、ある日「突然」、がやって来ました。

40年ぶりに旧友と自宅で囲碁を打つと、父はわくわくしながら昼食をとりました。しっかり食べて、そろそろその友人が到着する、という段階で父はソファでうたた寝です。猛烈商社マンだった父は、どんな場所でも一瞬で爆睡し、「だから闘える」と自慢していたほどです。そのため母もいつものことと、気にしていませんでした。

待ち焦がれたお相手が来られた時、父は目を覚ましませんでした。そこで初めて母は異変に気が付きます。

せっかくのお客様は家にも上げてもらえず、そのまま心配な思いを抱えて帰路へ。父は救急車で病院へ運ばれました。

診断は脳幹梗塞。即死の方が多い中、一命は取り留めたものの、父の脳は真っ黒の状態に。いわゆる植物状態になってしまいました。ここで私たち家族は医師に問われます。

「脳はもう何も感じない状態です。脳が復活することはありません。コミュニケーションを取ることもできません。このまま何も治療しなければ、2、3日だと思います。どうしますか？」

私はもう回復しないなら、このまま逝かせてあげたいと思いました。本人も楽しいとか嬉しいといった感情を、抱くことができません。機械に繋がれ、ただ死んでいないだけの状態。それはあまりに辛いだろうと思ったからです。

姉は、機械に動かされているとしても、生きていて欲しい、そう言いました。

本人の予めの意思表明はなく、家族で意見が分かれると、医師は生かす方向にし

か動けません。責任を問われるのが、怖いからです。

そうして父の植物状態生活は、始まりました。


病室に行くと、父はいろいろなものに繋がっています。機械の音が聞こえ、もちろん父に触れても、声をかけても反応はありません。ただ機械のしゅー、しゅーっという音が聞こえてきます。医師は「本人は何も感じていない」と言いますが、父の顔は険しいものでした。それを見るたびに、父を生かすことが正解だったのか、という思いが頭から離れませんでした。


3ヶ月くらい経った頃だと思います。

母が「いつまで続くんやろ……」そうつぶやいたのです。

ゴールが見えないため、不安になるのは分かります、でもそれだけは言って欲しくない言葉でした。生かしてしまったのは、他でもない、私たちなのですから。

80歳を超えて、母は1時間かけて病院に通います。「タクシーを使って」と言っても、もったいないと電車とバスを乗り継ぎます。どちらかと言えば、我が家は富裕層に入る家庭だったと思います。それでも無駄なお金を使うことに慣れていないのでしょう。暑い日など母の身体が逆に心配になりますが、それでも頑なにタクシーは利用しませんでした。

そして病室でただ横たわっている父と、会話できるわけでもなく、手を握り返してくれるわけでもなく、僅かな時間を共にして、そしてまたバスと電車を乗り継いで、1時間かけて家に戻ってくるのです。

「機械の音しか聞こえないから、気が滅入る……」

母がそう言うので、もう病院に毎日行かなくてもいいよ、百貨店にでも行って楽しんできたら、と言うのですが「ご近所の人に、旦那が入院しているのに奥さんは遊んでばかりと思われる」とのことで……。

そんなこと誰も思わないだろうに、母は自分が勝手に抱いた呪縛を拭い去れず、老体に鞭を打って病院に通いました。いったいいつまでこの状態が続くのか、そう気が滅入っても仕方がないことだと思いました。

病院の医師に聞いても、同じような回答でした。
「ご家族の大半は、判断を迫られると何とかしてください、と嘆願されます。ただ皆さん、2、3ヶ月経つと、いったいこれがいつまで続くのかと尋ねられます。保険が利く部分もあるとはいえ、場合によっては経済的な事情もでてくると思います。どのような方法であれ、コミュニケーションが取れないままだとご家族が辛くなってしまうことも当然かと思います。
ただいったん生命維持の方向に進んでしまうと、それを外すことは殺人となってしまいますので、ご本人の生命力に任せるしかありません。長い方だと何年も同じ状態ということもあり得ます。難しい問題ですよね」

本人から「こうして欲しい」と言われたことがない状態で、「このまま逝かせてください」と言える家族がどれだけいるでしょうか？

悲しいけれど、いつも「必ずこうしてくれ」と言われ続けていたら、それを尊重しよう、と諦められるのではないでしょうか。

父はその後1年ほど、同じ状態でした。入院するまで本当に元気な人だったので、このまま何年もこの状態が続くのかな、そう思う頃、二度目の脳梗塞を起こして息を引き取りました。

「しんどいのではないですか？」

そう何度も医師に確認するくらい、植物状態の父は険しい顔をしていました。

「何も感じていませんよ」

医師は同じ言葉を繰り返していましたが、本当に険しい苦しそうな顔でした。

でも亡くなった時の顔が、穏やかで解き放たれたような顔だったので、私は父が亡くなった寂しさより、「やっと機械から解放されて良かったね」とホッとした思いが強かったのを覚えています。

89歳という高齢で亡くなった父。**あの時、どういう判断が良かったのか、私には未だに答えが見えません。**ただあの時の父の苦しそうな顔が忘れられず、答えてくれなくても最期をどうしたいか聞き続ければ良かったと思っています。

同じような経験をした友達がいます。

彼女のお父さんも、同じように反応もない状態での入院でした。何を言っても理解できないし、脳は何も分からない状態だと医師から説明を受けました。

年老いた母、そして姉と彼女が入れ替わり病院に通いました。経済的な負担も大きかったと言います。医師には「何とか助けてください」と言ったものの、肉体的にも経済的にも負担になってきました。

ある時、彼女は追い詰められて思いを口にします。

「お父ちゃん、そろそろ逝ってくれんか」

そう言わざるを得ないほど、自分の人生を必死に生きている世代の負担は計り知れないものでした。医師は何も理解できないと言ったけれど、その言葉が届いてしまったのか、お父さんはその1週間後にお亡くなりになりました。未だに彼女は、言葉にしてしまったことを後悔しています。彼女の言葉でお父さんが亡くなった訳ではない、そう言っても、**彼女の背負った十字架を取り除くことはできません。**

人の人生の最期を、他でもない自分ではない誰かに判断させるということは、本当に残酷なことだと思います。瀕死の状態の家族に、誰が「もう（治療を）止めてください」と言えるでしょう。気持ち的には奇跡を祈るような思いで「何とかお願いします」と言ってしまうのが自然なことではありませんか？　ただその先のことは、経験した者しか分かりません。どちらにしても大変な決断です。

そしてその決断を、家族にさせてはいけないのです。

だからこそ自分で、決めておかねばならないのです。

たとえば

- **胃ろうをするかどうか**
- **人工心肺を使うかどうか**
- **脳が判断できなくなったらどうしたいのか**
- **コミュニケーションが取れなくなったらどうなのか**

きっとこういった問いは無数にあります。

それでも自分の人生は自分で決めたくないですか？　**大切な家族に判断させて、その人の先の人生に十字架を背負わせたいですか？**　子どもがいない人なら、長年会ってもいない甥っ子や姪っ子が判断を迫られることになります。彼らはどうやってあなたの意思を汲むことができるのでしょうか。

普段から死生観を聞いている人だからこそ、まだ判断ができるのです。ここ数年、話もしていないという状況なら、判断のしようもないと思います。

日本には、**尊厳死協会というものがあり、この団体では、病気が治る見込みがなく死期が迫ってきた時、自分自身がどうしたいかを選ぶ権利を認めてもらう活動を行っています**。協会では、「リビング・ウイル」といって、自身の意思を書面に残しておくことをすすめていますからぜひHPを見てみてください。

あなたにとって、生きるってどういうことですか？　そこから目を背けずに、決めましょう。そしてそれを身近な家族に、きちんと伝えておきましょう。伝える人がいなければ、きちんと**形にしておきましょう**。

自分の人生に、責任を持つ。今はもうそんな時代なのです。

◉まとめ◉

生きるってどういうこと？を考え

自分の最期は自分で決めて託しておく

case
21

本人も家族も
ホームに入所したら
もう安心だと
思っていました。

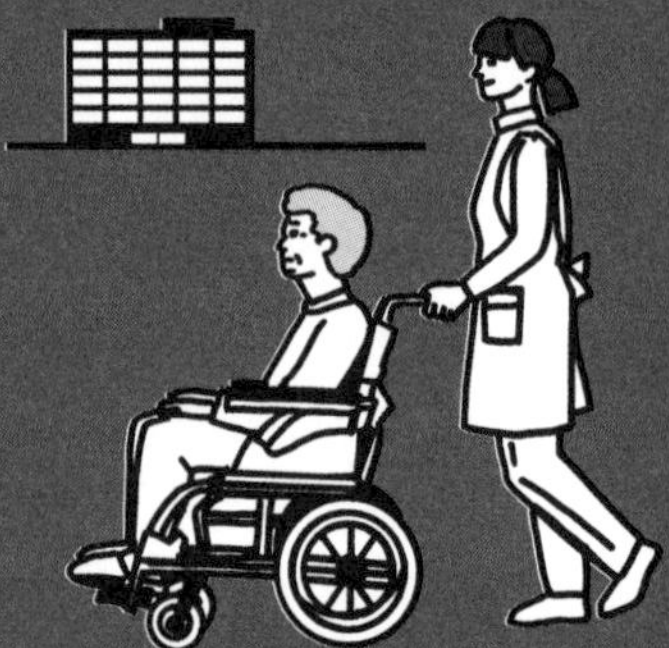

「ホームに入所しても周囲の家族が支えなくてはならないことはたくさんあります」

皆さんは人生の最期を、どこで過ごしたいですか？

ぎりぎりまで自宅で生活したい、そう思う人もいます。ひとりは苦手だし、家事もできないから周りの人たちから「今日の調子はどうですか？」なんて声をかけてもらえるホームに入所したい、という人もいます。考えや求めるものは人それぞれだと思います。

同時にいろいろな種類の施設や費用感もあるので、それぞれの特徴をクリアな思考の間に把握しておきましょう。いざ入所のころに調べようと思っても、その時には総合的に判断できる能力は低下しているはずです。

そしてもうひとつ知っておいて欲しいことは、**ホームに入所したからといって、本人もそしてサポートする側も「やれやれいち段落」ではない**、ということです。

ここから**施設の方々とサポートする側は、自宅とは違う新しい形のサポートが始まる**のです。そこをぜひ知っておいて欲しいのです。

明美さん（仮名・51歳）は、83歳のお母さんの介護を自宅でしていました。フルタイムの仕事をしながらなので、なかなか手が回りません。ひとりでの介護は想像を絶するものでした。自分に家族がいたら、とてもじゃないけれど、無理だったと言います。それでも介護サービスを利用するだけでなく、長年住み続けた場所でもあったため、ご近所の人たちにも支えてもらって救われました。

「明美ちゃんは、本当によう頑張るな」

そう言ってもらえたことで、自分を奮い立たせることができたのです。

大好きな母親でも、介護となれば綺麗事では済まされません。

家に戻ると、母親の汚物の片付けから始まります。おしめを嫌って、外してしまうからです。この作業に心折れて「介護離職」という言葉が、常に頭から離れることはなかったと言います。

明美さんは、自分で介護をしなければならないと思い込んでいました。これまで母ひとり子ひとりで生きてきました。施設に預けるだなんて、なんて親不孝者なのだろう、冷たい娘だ、そう思われるのが怖かった、とも言います。

もちろん、そんなことはきっと誰も何も思わないはず。それでも怖かった。だからぎりぎりまで頑張ることが、娘の務めだと自分に言い聞かせたのです。

そんな明美さんが、もう無理だと思ったのは、母親が頻繁に徘徊し出したからです。家から勝手に出て行ってしまうのです。明美さんが仕事に行くと、僅かながら母親ひとりで過ごさねばならない時間があります。ご近所も気遣って顔を出してくれましたが、24時間見張っているわけにはいきません。

靴にGPSを付けたり、鍵を簡単に外せない工夫をしたり、カメラを設置したり、できることは全部やってみました。それでも度重なる徘徊に、このままだと事故にあうこともあるだろうし危ないから、そうケアマネジャーに背中を押され、**やっとグループホームに入所することにしました。**

近所の人たちが「それがええわ。よう決心したな」そう口々に言ってくれて、明美さんの心はどれだけ救われたでしょう。そのうちのひとりでも「冷たい娘やな」と口にしたなら、明美さんの決心は仕事を辞めることに傾いたに違いありません。

グループホームの入所手続き中に、明美さんはハッとしました。

当然ながら「身元保証人」が必要なのです。母親には、自分がいます。でもいつか**自分が入所する際、誰が身元保証人になってくれるのでしょう。**明美さんには兄弟姉妹はいません。一人っ子です。母親も一人っ子なので、従兄弟もいません。別れた父親とは、もう40年以上会っていませんが、再婚して娘ができたと耳にしたことがあります。まさかその腹違いの妹に、自分の入所の際に連絡がいくのでしょうか。それだけは嫌だ、そう思いました。でも身元保証人がいなければ、グループホームに入所することもできない……。

母親の入所手続きの手が止まったことに気が付いた施設長が、声をかけてくれました。そこで初めて、**後見人や身元保証会社がある、ということも教えてもらいました**。もし自分が身元保証人と契約しないまま、突然入所することになった場合には、戸籍上の親族に打診がいくということも知りました。

「よくピンピンコロリを目指します！　と言うけど、人はね、なかなか死ねませんよ。だからね、（身元保証人を）準備しておいてもらえると、とても助かるんですよね。

最近は親族の方にご連絡しても、なかなか快諾してもらえないんですよ。やっぱり煩わしいこと、多いですからね」

施設長の言葉に、少し驚きました。入所して煩わしいことなんて、あるのでしょうか。入所したら、全てお任せできると明美さんは思っていたのです。

「皆さん、そう勘違いされるんですよ」

施設長は笑いながら、いろいろ教えてくれました。

まず療養型でない限り、病気になった時の対応は難しいということ。たとえば体調が悪くなった時は、身元保証人に連絡がいって、病院に連れて行ってもらう形になります。もちろん軽い時には施設が対応してくれる場合もありますが、それはあくまでも善意でのこと。原則は家族、**身元保証人が対応**します。

また**お金のことも、家族や身元保証人にお任せ**です。何かでお金が必要になったとしても、銀行に入所者と一緒に引き出しに行ってくれるわけではありません。「お金が必要になった」と連絡が来るだけです。

これもまた、金銭でのトラブルを避けるためです。

限られたスタッフによる運営で、利用者に快適に過ごしてもらうためには、イレギュラーなことで手を取られたり、トラブルの種を作りたくないからなのでしょう。

明美さんは、母親を入所させたら自分が出る幕はほとんどないと思っていました。でも違ったようです。実際に自宅で介護していた時とは変わりますが、これからはホームの人たちと、新たなサポートをしていく形になっていくのです。要はホームと二人三脚。**「入れたら終わり」ではありません。**裏を返せば、ホームに入所した家族と周囲の家族（身元保証人）の関わりはずっと続くということです。

明美さんは、お母さんの入所を通して、自分のことを考えました。今までひとりで母親の介護をしてきましたが、少し時間ができるようになれば、この先の人生を誰かとともに歩みたいと思っていました。ずっと母親とふたりで生きてきましたが、誰か対等な関係で一緒に生活できる人がいれば、その人と一緒に人生を歩んでいくのも良いな、そう夢を抱いていたのです。ふたりなら、支え合えると。

でもこの先結婚しようと、誰かと一緒に暮らそうと、いつかはどちらかが病気になったり判断能力が低下したりするでしょう。もしかしたらそれは同じタイミングになるかもしれません。

そうなると結局のところ、誰かと一緒にいたとしても、最後は「おひとりさま」になることに変わりはありません。ひとりが嫌だから誰かと……そう思っても、**人はどこまでいっても「おひとりさま」**なんだなと気付いて笑っちゃったそうです。

「最近はね、親御さんの入所手続きがきっかけで、お子さんがいても自分の身元保証をプロにお願いしたいという方が多いです。子どもには迷惑かけたくないって」

施設長は、明美さんの心を見透かしたように、そう言ってくれました。心が軽くなった気がしました。

◉まとめ◉

ホームに入所してからは職員との二人三脚が始まります

case
22

高齢者のための施設っていろいろ種類があるとは聞いていますが……。

運営形態も、中の設備なども実に多岐にわたっています

みなさんは、高齢者施設と聞くと、どのようなイメージを抱きますか？

大昔前には「姥捨て山だ」とまで言う人もいたけれど、**今の施設は本当に設備も内容も多岐にわたっています。**

まず基本的には**民間の施設なのか、公的機関のものなのかという違い**があります。それによって金額にも差があり、公的なものはある程度の条件の縛りがあるので、なかなか入所することはできません。

いちばんイメージされるのは、民間の介護付き有料老人ホームでしょうか。「介護付き」のところは、元気で自立している方は、入れないところもあります。

最近多いのは、自立している時から入所し、その間は一般のマンションに住んで

いるように自由に過ごせて、声をかければコンシェルジュがいるといったスタイル。そして介護が必要になれば、介護棟に移ることができるというものです。

自立している時から入れる施設を、驚くことに別荘のように使っている人もいます。施設に入っているといっても、ご飯を食べに出かけるのも、習い事に行くのも、何をするのも自由です。ですから現役世代から利用して、そこからお仕事に行ったり、施設の人たちと仲良くしたり……。自由度をフルに活用しつつ、次第に自宅と施設の割合をシフトさせていく、そんな風に活用している人もいるのです。

そんな活用の仕方を聞いて、余裕のある人は、考えることや行動も違うなあと感動したことを覚えています。

今から20年ほど前、司法書士になって暫くたった頃のことですが、不動産の売買で登記を担当した売主さんのことを、私は未だに忘れられません。

その売主は60歳で、見るからに上品で優雅な空気を醸し出すマダムという感じの方でした。高級住宅地の大きな戸建ての売却で、代金は当時で数億円でした。

マダムは、薄いブルーのワンピースに白のカーディガンを肩からかけ、そのいで立ちは銀行でもひときわ目立っていました。そしてどれだけ思い出そうとしても、買主のことを思い出せません。それくらい**マダムのインパクトが、強かった**のです。数億円の売買ですから、私も自分の仕事に集中しなければならないのですが、それでもマダムの存在感に気をとられたほどです。


オーラだけではありません。売却の理由が、これまた驚きでした。

私からすると、60歳のマダムはこの先も恋のひとつやふたつ楽しみます！　と言ってもおかしくないくらい生命力に溢れていました。

そのマダムが、豪邸を売却して高齢者マンションに引っ越すと口にした時、私は思わず「早くないですか？」と言ってしまいました。今から20年前の話です。どうしても高齢者施設のイメージが、私の中でまだ前向きではありませんでした。

するとマダムは微笑んでこう言いました。

「**不安こそが人生の大敵。**分からないから、不安なの。この先、自分がどう老いるのか、どうなっていくのか、不安だと何も楽しめなくなってしまうでしょう？でも、この施設に入ってしまえば、この先私は、もう何も心配することがないの。介護になれば介護棟。病気になれば、病院も併設されているから安心でしょ。戸建ては、維持が大変。鍵ひとつのマンションで、身軽に人生を楽しむわ」

でも大豪邸から、60㎡のマンションへ。荷物が大変ではないでしょうか？

「本当に好きな物だけ持って行って、あとは全部処分よ、処分。子どもの物も、本人がいらないって言うからもちろん全部処分。これから楽しもうっていうのに、昔の物はいらないでしょ」

この思いっきりの良さに、私はただただ感動しました。

実家の母は、私の幼稚園の時の工作をまだ保管しています。ほとんど開くこともないアルバムも何冊もあります。実家の断捨離は、なかなか進みそうもないな……、そう思っていたタイミングでの、マダムの思いっきりの良さがあっぱれでした。

「未来の楽しいことを想像できるから、断捨離できるのだと思うわ。これからが楽しいと思えれば、過去の思い出は頭の中で十分でしょう？　断捨離も体力がないとできないし。だから私の歳で、いいタイミングだと思っているのよ」

当時30代だった私からすると、まだまだ早い気がしましたが、今となればマダムの決断は素晴らしい！　の一言です。

ぎりぎりまで家にいたい、その思いは分かります。だって新しい環境に馴染むには、柔軟性が必要ですから。年をとればとるほど、その柔軟性がなくなり、いろいろなことが億劫になってしまいがちです。

そしてぎりぎりまで**家で「快適に」過ごすことは、かなりの条件が整わなければ実現しません**。その環境を予め整えておければいいのですが、現実はなかなかそうはいきません。それでも頑張り続けていると、いつしか不具合で身動きがとれなくなり、誰かにレスキューされて施設へ、というのが今の一般的な流れのように感じています。これではあまりに、後ろ向きな選択です。

マダムはご主人が亡くなって、不安しかなかったと言います。豪邸での物音は、恐怖でしかありませんでした。室内で倒れたら、誰が気付いてくれる？　仕事で忙しい息子は、どうサポートしてくれる？　自分が認知症になったら？　自分が80代になったら？　そんな不安を跳ね返せたのは、50代だったからでしょうか。

そこからマダムは、さまざまな高齢者施設を見学したそうです。いろいろな種類があることも知り、自分のおかれた状況や望むもの、譲れないことが、実際に見ることで分かってきたそうです。

そうして1年ほどかけて勉強した上で、今回の高齢者マンションに決めました。

だから迷いもなく、これから先の楽しいことに目を輝かせているのでしょう。

親のためでも構いません。ぜひ早いうちから、たくさんの種類の施設があることを把握し、実際にその目で見て欲しいと思います。金額や待機期間も重要です。安くて人気のあるところは、申し込んで入所まで時間がかかることも多いのです。そうしてたくさん見ていれば、自宅で過ごすために足りないものも見えてきます。分かれば、備えておけばいいのです。要は後ろ向きな選択で施設を選んだり、選べなくなってからの入所を避けて欲しいのです。

施設は、本当にピンキリです。人生後半戦の作戦を立てるためにも、**ぜひ施設の見学をしてみましょう。**

◉まとめ◉

知らないと不安になる。不安は人生の大敵！ぜひ施設の見学をしてみてください

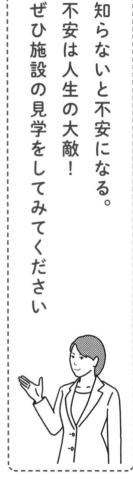

［第4章］

おひとりさまリスク

家族の問題

case 23

「身元保証人」って連帯保証人と同じようなものだと思っていました……。

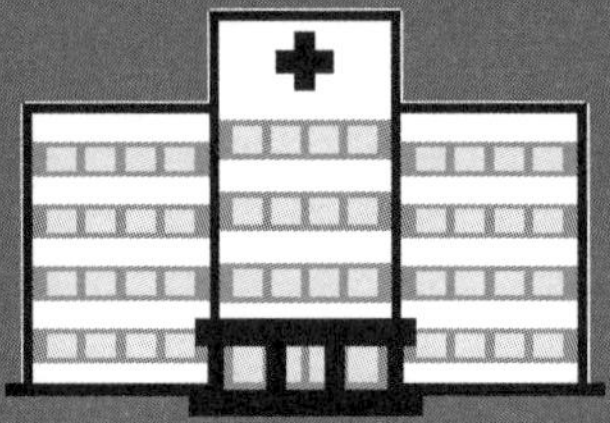

施設に入っている人に必要な各種手続きなどを代行する人です

「身元保証人」と聞いて、すぐにどういった人をさすのかピンと来る人はどれくらいいるでしょうか？「保証人」とあるから、連帯保証人と似ているもの？　何をどこまで保証するの？　専門家でないとなれないの？　何だか怖い……。そんな方も多いのではないでしょうか。

「身元保証人」とは、施設に入っている人など、対象となる人物の身元を「保証する」人のことです。学校の進学や就職の時にも求められたりしますが、ここでは高齢者にとって必要なことに限定して考えていきましょう。

具体的には、入院時や施設の入所時に身元保証人が必要となります。

身元保証人は、対象となる人物（ここでは入院する人や入所する人のこと）に何かあった際の緊急連絡先となったり、本人の意思が確認できなくなった時には、治療をどうするかの判断をすることもあります。
そのため気軽に引き受けられるものではもちろんありませんし、背負う精神的責任も決して軽いものではありません。

さらには入院・入所の各種手続きをしたり、費用の精算や片付けもします。要は**本来は対象となる本人がすべきことを、本人ができなくなった（意思能力がなくなる、亡くなる等）時のために代わりにしてくれる存在**が身元保証人なのです。

重要な責務はありますが、本人の負債等を本人と同じ立場で支払う義務のある「連帯保証人」とは、大きな違いがあります。

身元保証人は、本人の損害賠償を代わりに背負うことはありません。

今までは、そのほとんどを家族が担っていました。

ところが少子高齢化が進み、子どもの数も少なくなり、共働き世帯も増えました。

子どもがいても忙しい彼らを気軽に頼れない、頼りたくないという人もいます。子世帯の方も自分たちの生活で精一杯で、気持ちがあっても対応しきれない、そんな現実もあるようです。そのため最近では、**身元保証会社というものがあり、この身元保証会社を利用する人も増えてきました。**

私にも一人息子がいますが、個人的には、彼を頼りたくないと思っています。それは仲が悪いわけでもなく、ただ気を遣いたくないのです。頼めば対応してくれるでしょうが、息子とはただ愛情で繋がっていたいと思っているからです。

仕事柄もあって、身元保証人という立場が、どれだけ大変かということを知っているからかもしれません。

ピンピンコロリが理想と、誰しもが口にします。

ただ「人ってなかなか死なないものだな」それが私の素直な感想です。もちろん不慮の事故は違うのでしょうが、一般的には医療も充実しているこの日本では、そう簡単には死なせてもらえません。

お金を払って対応してくれる身元保証会社なら、事前の取り決め通り事務的に作業してくれます。今は、身元保証会社がたくさんあります。ただその中から安心して託せるパートナーを探すことの方が大変かもしれません。これこそ年老いて弱ってきた時に、正常な判断などできません。

自分は必ず死ぬ時がくる、その時までのことを逃げずにイメージして、**自分がしてもらいたいこと、自分でできないことを早めに託しておきましょう。**

◉まとめ◉

身元保証人が背負うことは
多岐にわたります。
早めに託しておきましょう

case
24

自分で棺に入れないのは知っています。「死後事務委任契約」とはどんなものですか？

「自分の死後のあれこれを託せる契約です」

「できるだけ自分のことは自分で最後までやっていきたい」

そう口にする人は、多いものです。でも残念ながらどんなに気丈に頑張っても、**亡くなった後に自分で棺には入れません。**

そう言うと、直視したくない人（失礼ながら男性が多い）の中には「死んだら、迷惑かけたくないからその辺りに放っておいてくれよ」と、そんなことをのたまう人までいます。笑っちゃいますよね。この日本で、どこに死体が転がっているのでしょうか。それこそ無責任で迷惑な話です。そんな憎まれ口を叩かずに、ちゃんと自分の死後のことを考えていただきたいと思います。

「死後事務委任契約」という言葉を、耳にしたことはないでしょうか？

これは亡くなった後、絶対に自分ではできない事務、たとえば**葬儀の手配や納骨、**

各種役所の手続きや相続財産の整理等を生前に誰かに託して契約しておく手続きです。一般的な委任契約は、当事者が亡くなってしまうと終了しますが、この死後事務委任は、あくまでも当事者が「亡くなった後」のことを想定しての委任契約です。

最近の終活ブームで「まずは死後事務委任をしておいて後はゆっくり考えます」と言う方がいます。死後事務委任契約が浸透してきたのは良いことですが、ここで大きな問題があります。

ポイントは、亡くなったことを受任者がどうやって知るか、ということです。受任者は、依頼者が亡くなったら動きます。逆に言えば、この契約では生きていらっしゃる間は関与することができません。

そのため**死後事務委任だけを備えておくというのは、とても危険な発想**なのです。

人が亡くなると、まずそのお身体（ご遺体）をすぐに冷暗所等に移します。この段階から、受任者の業務は始まります。

たとえば病院で人がお亡くなりになった時、お身体を冷暗所に移動させるのは病院関係者ではありません。通常は葬儀社の方々です。だから受任者はお亡くなりになれば、すぐに葬儀社に連絡をして対応をお願いせねばなりません。その後、葬儀（火葬）、納骨という流れになっていくのですが、この亡くなったことをいち早く知らなければ、こういった対応もできません。

受任者が亡くなったことを知るためには

1 ご家族が知らせてくれる

2 生前から本人のことをサポートしている

この2パターンしかないのです。

以前に行政で紹介された士業（弁護士、司法書士など末尾に「士」がつく職業）

の方と、死後事務委任契約を締結して安心したというお客様がいらっしゃいました。そこで私たちは不安になったのです。その士業の方はどうやってお客様の死を知るのでしょうか？　そのお客様にその士業の方と、どのようなコミュニケーションを取っているのですかと尋ねると、「毎年年賀状が届きます！」と自信満々で答えてくれました。

でも現実には年に1回の年賀状のやりとりでは、お亡くなりになったことを受任者がタイムリーに知ることはできません。風の便りで知ったとしたら、その時にはもう全て終わっている頃ではないでしょうか。

備えることはとても素晴らしいことなのですが「死後事務だけ委任していれば大丈夫」という考えが危険なのです。だからこそ「死後事務委任」だけの依頼を勧める受任者がいれば、本気であなたのことを思っているのかどうか、疑って欲しいと思います。

死後事務に滞りなく対応してもらおうと思えば、**生前からのサポートとセットで**

考えましょう。生前のサポートには、万が一の時のための見守りや、認知症になった場合の後見、生活サポート等があると思います。

死後事務に携わっている現場の声も同じでした。

「死後事務は、生前のサポートに比べれば本当に容易いものです。もし生前のサポートをしてくれる人（家族等）がいるなら、わざわざ死後事務を依頼することもないくらいです。

亡くなるまでが大変だからサポートを依頼して、ついでに亡くなった後もよろしくね、と死後事務委任を依頼するって感じですよ（亡くなると今までの委任契約は終了してしまうため）」

今は死後事務委任を受任する会社が増えました。ただ**死後事務委任契約だけを勧めるところは、正直怖いです。**もしかしたらそういう会社には、受任しただけで、実際の死後事務をやったことがないところも多いのではないでしょうか。なぜなら契約した直後に亡くなるということは、ほとんどないからです。

そう考えると現場を分かっていない、ということにも繋がりかねません。

また、死後事務委任の費用は、地域や葬儀の希望によっても変わりますが、100万円以上を預託するのが基本です。受任者も誰が支払ってくれるのか分からない状態で、手続きはできませんから。


あともうひとつ。

死後事務委任の預託金が、どう管理されるのかも、大事な点です。もしかしたら預託してから実際に費用が発生するまで、何十年もかかる場合もあります。いざという時には生命保険の第三者受取が使えるのか、それとも現金で預託できるのか、その場合はどのような管理がなされるのか……。亡くなる前に受任会社が倒産でもしたら大変です。

この死後事務委任を利用しようと思ったら、以下のようにチェックポイントは、たくさんあります。

● どれくらいの歴史があるのか
● 費用等が適正か
● 預託金はどのように管理されるのか
● 生命保険の第三者受取を利用することは可能か

クリアしなければならない問題が多いからこそ、頭がはっきりしているうちに、いろいろなことを決めておきましょう。

◎まとめ◎

死後事務委任契約の依頼先を確認するポイントはたくさんあります！

case
25

自分がどこの墓に入るかも考えたことがありませんが……。

少子化もあり、お墓の在り方も多様化しています

お彼岸やお盆の墓参りは、日本の風物詩のひとつです。私も小さな頃は、家族総出で田舎に戻ってお墓参りをするのが恒例でした。

霊園にはたくさんのお墓が並び、各家がきれいにお掃除をして雑草をとり、お花を供えています。すぐ枯れてしまうので、造花を飾っているお墓までありました。子ども心に、きれいなお墓は気持ち良いな……と思っていました。

そのようなお墓参りでしたが、すでに30年前ですら「この家は誰も来ないのかな」そう思うような、雑草が生え放題のお墓もありました。

今はどうでしょうか？　大きな霊園なら、管理料を払って維持してもらうこともできるでしょうが、それでも**3割くらいは荒れ放題の状態**である印象です。

この現象になる理由は、お墓参りをするという風習が廃れてきたからかもしれません。遠方に住んだりすると、なかなか墓参りだけに戻ることもできないでしょう。田舎に誰か親族が住んでいれば、会いに行くという名目もあります。ところがそういう存在もいないとか、会うことが楽しいものではなければ、どんどん足が遠のくのも仕方がありません。

さらには、少子高齢化の影響もあると思います。

海外の個々のお墓と違い、〇〇家の墓というシステムは、この先も脈々と子孫が繁栄していくことが前提です。ところが日本は、世界中でも突出した少子高齢化社会。**この家ごとのお墓という制度に、無理が出てきているのではないでしょうか。**

私の父は8人兄弟、母は4人兄弟です。その二人の間の子どもは、姉と私の2人。姉夫婦に子どもがいなかったので、その下は私の息子ひとり。12↓2↓1です。これは我が家だけの、特別な状態ではないと思います。ところが娘二人で落胆していた両親が、不謹慎ながら私が男の子を産んで家に戻ってきたことで、新たに墓を建て直しました。

何を今さらです！

父方の田舎が兵庫県の山奥ということで、車の運転のできない母だけでは墓参りにいけません。それを口実に、父が亡くなる前に、住まいの近くの霊園にお墓を準備したのです。建ててしまったものは、今さら仕方がありません。今その墓に両親が眠っていますが、この先、誰が管理していけるのでしょうか。

息子の時代、彼がこの先日本だけに住み続けるとも限りません。結婚しなければ、子どもがいなければ……もはやお墓を維持していくことは不可能だと思っています。正直なところ荒れ放題になるのなら、どこかの段階で墓じまいを考えないといけないなと頭を悩ませています。

ところがこの墓じまい、これが本当に大変なのです！

まずお墓の底地ですが、自身の所有権ではありません。一般的には永久の使用権です。使える権利を買っているのです。だから使わなくなれば、墓石を撤去して更地にしないといけません。そしてこの立派な墓石ですが、撤去して処分するためには産業廃棄物として多額の費用がかかります。買うときにも結構なお値段がしたと思いますが、撤去するのも大変なのです。

また墓の中で眠っている骨壺ですが、もし墓じまいするとなるとどうなっていくのでしょうか？

まずこの骨壺の状態のまま、合同墓には移せません。骨壺が大きいため、たくさんの方々に利用してもらうには場所を取ってしまうからです。まずはコンパクトにします。そのために骨壺に入ったお遺骨を、小さくしなければなりません。お遺骨は長い間、暗く閉め切られた中に収められています。そのため湿った状態です。

一般的にはまずは洗って乾燥させ、そこから粉砕して麻袋等に入れて、合同墓に移されていきます。

この費用が、1体ずつかかってきます。その費用は個々に違うのでしょうが、基本的には数万では納まりません。手間暇を考えると、おそらく2桁はかかるはずです。もし代々続いた一族の皆が眠っているお墓なら、相当な金額になってしまうでしょう。だから墓守の責任も、重大なものです。

いずれ墓じまいを考えている方々は、その費用や手続きの詳細を予め確認しておきましょう。

墓を購入する際に、墓じまいのことを考える人はいないでしょう。

これからお墓を準備しようとしている方は、そのこともしっかり考えていただきたいと思います。最近多い、建物の中の機械式の墓も同様です。もし契約する際には、何年、何十年か先の、終う時のこともしっかり確認しましょう。

最近では、一族の墓には入らず、最初から合同墓にと願う人も増えてきました。また樹木葬や海洋葬、宇宙葬なるものまで出てきました。自身の最期を「その辺に放っておいてくれ」ではなく、しっかり考えて決めることが大事です。

私個人的には、亡くなった後の骨に手を合わされても嬉しくないなと思っています。それより今生きている間に、たくさんの思い出を作っておきたいというのが願いです。焼却する炉の問題もあるでしょうが、骨で残さず、灰になるまで焼き切ってくれれば良いのですが……。

このようなことも、年をとってからだと考える余裕がなくなります。今のうちに、親族でしっかり話し合っておきましょう。**そうでないと雑草が生い茂るお墓になってしまいます。**

◉まとめ◉

墓じまいのことを一度は考えてみよう

case
26

お墓以外に
葬儀や納骨については
どう考えていたら
いいですか？

「死後のこと全てについて考えておくべきです」

遺された人に迷惑をかけたくないと、いつか必ず来る日のために、**葬儀社の互助会に入っている人もいます**。互助会とは、冠婚葬祭に備えて、お金を積み立てておくものです。このこと自体はとても良いことだと思いますが、いくつか注意点があります！

1 互助会に入っていることを家族に伝えておきましょう

2 葬儀を取り仕切ってくれる人を確保しておきましょう

葬儀社と契約していたといっても、あなたが亡くなったことを葬儀社が知らなければ事は始まりません。だから亡くなったらすぐに、その葬儀社に連絡することが必要なのです。

周りがあなたが互助会に入っていることを知っていなければ、（ご遺体をそのままにできないので）病院や施設提携の葬儀社が動くことになります。これではせっかく互助会に入っていても、気が付いた時には別の葬儀社で終わっていた……ということになりかねません。

葬儀社の互助会に入っていることをエンディングノートなどに書き、それを本棚に入れておいたり貸金庫に入れたりする人がいます。これでは残念な結果になってしまいますので、**必ず周囲にきちんと伝えておきましょう**。

葬儀社の互助会に入っていたとしても、その葬儀社が勝手に葬儀を始めることはできません。必ずあなたの葬儀を取り仕切る「仕切り役」が必要なのです。家族を頼りたくない、家族に頼みたくない、家族に迷惑をかけたくない、そう思う人は、必ず「仕切り役」の方を決めて依頼しておきましょう。

正式な受任者がいない場合、現段階では全ては親族に委ねられます。仮に仲が悪くても、疎遠になっていたとしても、親族です。では親族の方が、協力しなければどうなるのでしょうか？

少し前、女優さんが亡くなり、ご遺体を火葬できずにドライアイスで何日もそのまま、ということがありました。

マスコミの報道以外のことは分かりませんが、ご本人は、墓まで準備していたのに、葬儀の取り仕切り役を依頼していなかったようです。そのため権限は姉妹に。でも仲がよろしくなかったようでした。姉妹が誰かに権限を委任すれば事は進みますが、関わりたくないと拒絶、となれば勝手にご遺体を焼くことはできません（ご遺体の安置所には何年も焼けないままの方がいらっしゃるとか……）。

その上、火葬した後の骨壺も、行政は誰彼なしに渡すわけにはいきません。マネージャーですら当初は断られたようで、報道では暫くの間、区役所で保管されたとありました。お墓まで準備していたのに……です。

でもこれが現実です。

一般的に葬儀というのは、お亡くなりになってからの一連の流れの儀式のことをさします。

つまり危篤から始まって、死亡→24時間以上の安置→火葬→納骨（散骨等）のことをさすのです。コロナ禍以降、家族葬や直葬（通夜や告別式を行わないで火葬する）も増えました。

どんな形であれ、これらを誰かが取りまとめないと、進みません。いくら互助会に入っていても、葬儀社は勝手にあなたの葬儀はしてくれないのです。

そして「お願いします」と誰かが指示しない限り、誰も火葬のボタンは押せないのです。繰り返しになりますが、亡くなった後、自分で棺に入ることはできないし、火葬のボタンも押せないし、お墓に自分で入ることもできません。

だからこれを「誰」に頼みますか？　ということなのです。

家族・親族なら、わざわざ委任状がなくても大丈夫です。**でも違う人にお願いしたいと思うなら、「よろしくね」と口約束ではなく正式に依頼しておきましょう。**

そのためにあるのが先述の死後事務委任制度だったりするのです。

逆に正式に書面で依頼をしておかなければ、親族にその役がいきます。日本には戸籍制度があるので、疎遠になっていたとしても行政の手にかかれば親族は探すことができます。会ったこともない甥や姪や、離婚後一度も交流を持ってこなかった子どもに話がいくのです。そして拒否されたら……。

そしてこの親族を探す費用にも税金が使われます。これでは日本はどんどんお金が足りなくなって、未来ある子どもたちに使えるお金がなくなってしまいます。

今までの日本は、全てが『サザエさん』に象徴されるように、さまざまなことが家族で執り行われてきました。家族関係が希薄になるということ、少子高齢化ということは、今まで不要だった知識が私たちには必要となり、家族が担っていたことを誰かに託さねばならないということです。

もはや自分で自分の「死」の前後を備えておかないと、どうしようもない時代ということです。それこそが「少子高齢化社会」なのです。

「迷惑かけたくないから、死んでも放っておいてくれたらいい」

その考えこそが、迷惑なのです！

自分の人生に責任を持ちましょう。

結婚していようとしていまいと、子どもがいようといまいと、個々が自立しなければならない時代になってきたと思います。最期をきちんと決めて、気持ちよく残りの人生を楽しみましょう。

◎まとめ◎

自分の死後についても責任を持ちましょう

case
27

一人暮らしなので
友だちに
鍵を預けておこうと
思っていましたが……。

「友達に鍵をただ預けておいても してもらえることは限られます」

先にも、ちらとお話ししましたが、「自分に何かあった時に親族は頼りたくないし、民間の企業にいろいろと託すにはお金もかかるし、○○は胡散臭い、**だから友だちにお願いしている！」という芸能人の記事を見かけたことがあります。**

これ正直、難しいのです……。

まず何を依頼するかということですが、

1 鍵を渡しておいて室内で倒れた時などにすぐに対応してもらう

2 自分が亡くなった時に対応してもらう

芸能人の方は、この2点を言っていました。それを真に受けた方、いないことを祈るしかありません（苦笑）。
残念ながら、これではせっかくの人間関係も壊れてしまう結果しかイメージできないのです。

1に関して

あなたに「何かあった」のを、友だちはどう察知するのでしょうか？　この芸能人の方が自分で見守り器具を設置していて、そのアラートまでこの友人が受けてくれるのなら良いのですが、そうでない場合には、ただ「様子伺い」の際に鍵があるので入室できるだけになってしまいます。

元気な時は、鍵は必要ありませんね。中から開けてもらえますから！　必要なのは、認知症等の兆候がでて、状況を把握してもらいたい時です。

認知機能が落ちてくれば、自分が鍵を渡したことすら忘れてしまうことだってあります。この友人が勝手に室内に入ってきた「悪い人」に仕立てあげられてしまう可能性もあるのです。

善意が仇になる瞬間です。万が一倒れてでもいたら、第一発見者になります。事件性を疑われて、警察で一日中取り調べを受けることにもなりかねません。

警察等もなぜ第三者が鍵を持っているのか、不審に思うでしょう。

泥棒などが入った際に、真っ先に襲われてしまうというリスクもあります。結局預かる方も、責任重大なのです。それを善意だけでできますか？「お願いね」だけで渡せますか？

2について

日本の場合、亡くなるなど、その人に何かあった時に対応できるのは家族・親族か、正式に権限を与えられた者だけです。

もちろんあなたが倒れているのを見つけたら、救急車を呼んでくれるでしょう。でも権限がなければ、そこ止まり。

入院の手続きもできなければ、医療の判断もできません。万が一亡くなった時の葬儀の対応もできません。何もできない……のです。

「お願いされているので」と言ったとしても、正式な権限を与えてもらっていなければ、何もお願いされていないのと同じなのです。

「お願い」＝権限を与える、ということです。

だからもし権限を与えるなら、**正式に書面で、しかも公的な書面が良いでしょう。**公正証書で代理人契約や任意後見契約、死後事務委任契約をしておけば万全です。逆に言えば、そこまでしておかなければ、友人には何も対応してもらえません。友だちに、無償でそこまでの責任をお願いしますか？　依頼される方も、覚悟とそれなりの知識が必要です。

私のおすすめはプロに依頼することです。友だちや家族・親族とは利害関係ではなく、純粋な愛情で繋がっていた方がいいと思うからです。そのためにもどのようなプロが良いのか、早い段階から選ぶポイントや知識を備えておきましょう。

自分が年老いてからだと、難しいことが面倒となり、お友だちに「お願いね」となってしまいます！　せっかく今まで築いてきた自分の尊厳のためにも、50代や60代のうちのクリアな頭で、判断して依頼をしておきましょう。

◎まとめ◎

「お願いね」だけではあまりに無責任です！

case
28

事実婚の場合、どちらかに何かあるとどんなデメリットが考えられますか？

「家族の形はさまざまでよいですが老後のあれこれはきちんと形に」

離婚・再婚・ステップファミリー・事実婚、同性婚……。さまざまな形があり、**家族の関係も、昭和の時代に比べれば多様化したと思います。**

そんな中、最近は事実婚を選ぶ方も増えました。選択肢が増え、「ねばならない」という呪縛から解き放たれ、とても良いことだと個人的には思っています。

ただこの事実婚、人生の晩年に関しては、良いことばかりではありません。なぜなら**事実婚は、法律上の家族・親族ではない**からです。

これまた事実婚をしている有名な女優さんが「遺言書で備えておけば何の問題もない！」と記事の中で語っていました。記事を読んでいて、掲載する前に、「正しい知識を持った人がチェックして欲しい……」思わずそう呟いてしまいました。

遺言書は、財産の分配の仕方を記載しておくものです。事実婚の場合、配偶者ではないので、相続権がありません。つまり遺産をもらう権利がないのです。その点に関しては、遺言書で「遺贈する」ということを残しておけば事実婚のパートナーにも財産を渡すことはできます。

ただし相続と遺贈では、かかる税金が違ってきます。家族だからこそ、相続の税金は他のものより低いのです。でも苦楽を共にしながら生活をしていると、問題は亡くなった後の財産の分配だけではない、ということはもうお分かりですよね？

繰り返しになりますが、**日本では（今後、法制度が変わらざるを得ないかもしれませんが）、家族・親族以外には、何の権限もありません。**だから当然、事実婚のパートナーには、何の権限もないことになります。**たかが戸籍、されど戸籍なのです。**

たとえば二人で一緒にいる時に、突然片方が倒れたとしましょう。本人は意識がない状態です。病院がここから家族を探したりコンタクトを取ったりするのは、とても大変です。そのために事実婚であるパートナーに話を伝えたり、聞いたりはしてくれるところも増えました。だって目の前に「親族に近い人」がいるのだから、みすみす他人扱いしてしまうのはもったいない。ただ医療の判断を委ねてまでくれることは、難しいかもしれません。

また全ての医療機関等が受け入れてくれる体制とは、まだまだいえません。住民票が別々の場合には、まったくの他人と扱われる可能性が大です。最終的に事実婚は家族とは認められず、蚊帳の外という可能性もあり得ます。この先変わっていくかもしれませんが、**現段階では籍の重みを認識しておいた方が良さそうです。**

それが分かっていれば、備えておけばいいだけ。

代理権契約や任意後見、死後事務委任の締結を、第三者である事実婚のパートナーとしておけば良いのです。加えて財産に関する遺言書があれば、税金のことはさておき、ほぼ家族と同じことになりますね。

でもこの手間を踏んでおかないと「家族ではない」という理由で、いろいろなことで排除される可能性があることも把握しておく必要があります。

残念ながら○○家の墓にも、一緒には入れません。そもそも墓には入らない（散骨等）という方には問題がないのでしょうが、じっくり考えていくといろいろあります。片方が病気や認知症等で判断能力がなくなってしまえば、もはや入籍（結婚）することもできません。事実婚を選択している方は、その理由や対処法、今後入籍する可能性があるならそのタイミング等もしっかり話し合っておきましょう。

◉まとめ◉

まだまだ今の日本では
戸籍の力は強いのです

case
29

老後のことは いつくらいから 考えたら いいでしょうか？

「一億総おひとりさまの時代は すぐそこに来ています」

私はこれまで、あちこちで**日本はこれから「一億総おひとりさま」時代**なのだと、ずっと言い続けてきました。

それでも自分には嫁がいる、子どももがいる、パートナーがいると、あまり危機感を持っていない人が多いのが現実です。そういった家族らの存在ですら、どちらかが先に亡くなるのはもちろん、どちらかが認知症になるなど、何らかの事情で頼れなくなることもあるということは、みなさん想像していないのでしょうか。

国もやっと動き出してはきましたが、基本は『サザエさん』に象徴されるように家族がなんとかするというスタンスなのです。日本の今の制度は、**全ての日本国民にはいつでもすぐに駆けつけてくれる家族がいる、ということが前提で成り立っています**。

ところが現実は、未曽有の少子高齢化。

この事態は先代たちが経験していないことなので、対処法も見つかっていません。

私たち自身が将来を想像し、備えておかねばならないのです。

それでもまだまだ国民の大半は他人ごと。あるいは日々の生活に追われ、将来的なことを想像する余裕すらないのかもしれません。

今こそ私たちは、自分の人生に責任を持つ時代に来ているのだと思います。

私が出会った高齢者の人たちは、「頭では理解できるけど、もはや動けない」とタイミングを逸した人たちばかりでした。

こういった人たちと接していて思うのは、もっと元気なうちに転居していれば、現役の時代に将来を見据えていたら、もう少し早く対処していれば、と残念なことばかりです。


「まだ早い」

みなさんそう言います。

でも早すぎて悪いことはありません。早ければ早いほどクリアな頭で、最大限の情報収集をした上で判断することができます。そしてその後の人生を不安なく、楽しむことができます。良いこと尽くしなのですが、人は「まだ早い」と目を背けてしまいます。

自分が老いることを認めたくない、認知症になることを想像したくない、弱ることや死ぬことを考えたくない、自分にまだ元気があることを誇示したい、その思いは分かります。でもそこに蓋をしてしまった人が、困ったことになっているのです。

まだ今は、誰かがボランティアで何とかしてくれるかもしれません。でもこの先、高齢者がますます増え、若い労働者人口が減ってくれば、もはや備えていない人たちは誰にもケアしてもらえなくなります。

子どもがいる人だって、子どもが自分より長生きする保証はありません。日本に住んでいるとも限りません。

今まで一生懸命に働き、資産を形成してきたのです。誰かに残すことを考えるより、**生きている間の自分のためにお金が使われるように備えませんか？**

家族がなんとかしてくれる時代は、とっくに終わっています。これからは自分のことは、自分で備える時代。どんなにピンピンコロリであったとしても、死んだ瞬間から誰かの手を借りなければ成り立ちません。

まずそこに早く気が付くべきなのです。

「まだ早い」なんて言っていると、サポートしてくれる会社の争奪戦に出遅れて負けてしまう、そんな時代が来るかもしれません。

そして**家族・親族だけではなく、心の支えとなる友人・知人も大切にしていきましょう**。彼らはあなたの人生の晩年を、豊かにしてくれる貴重な存在です。

善意に頼って、関係を最後に壊すのは止めましょう。そんな悲しいことはありません。
何度も言っていますが、家族以外の誰かに頼るなら、**正式な権限が必要**であることをお忘れなく。権限がなければ何もできず、後味の悪い最悪な結果となってしまうでしょう。

◉まとめ◉

家族や友人とは愛情で繋がり
サポートはお金で買おう

■おわりに■ 私が一番伝えたい30番目のリスク

老後を迎えるにあたって、いちばん大切なことは何ですか？

よく聞かれます。断捨離すること、遺言書を作成すること、エンディングノートを書くこと、いろいろとありますが、まずは自立することです。

夫婦だと「ひとり」じゃないと思いがちですが、片方が病気や認知症になれば、その瞬間からおひとりさまになります。子どもがいても、同じです。

子どもの人生が、親や親族の世話をするためのものになってしまってはいけません。彼らにも、自分の人生を堪能して欲しいと思いませんか？　だから、子どもがいても、おひとりさまには変わりはありません。まずはそれをしっかり認識して欲しいのです。私たちは「1億総おひとりさま時代」を生きているのです。特別な人だけの問題ではありません。早くそれに気が付いて欲しいと思います。

人は老います。認知症になりたくないと思っていても、かなりの高確率でなります（笑）。そうなってしまうと、もはや自分で意思決定していくことができません。ところが高齢になると、生きていくために必要な意思決定、それも難しいものばかりが襲ってきます。もちろん生きる上で、人生は選択の連続です。ただ若い時には、その選択には方向転換する余地もありました。ところが高齢になってからの意思決定には、待った、の余裕すらありません。特に医療に関する選択の場合、その重みは計り知れません。

それを人任せにして良いですか？　自分で決めておきたくないですか？

本書を書いている中で、頑丈だけが取り柄の私が、突然、膠原病を発症しました。全身の関節が腫れ、痛み、曲がらなくなり、日常生活に支障が出るほどでした。

症状は、左右対称に出ます。そのため両膝や両足首が痛い日には、たった1キロを歩くだけでも泣き出したくなるほどでした。手の指に力が入らず、ペンをしっかり握ることすらできません。ある日突然……。頭ははっきりしているのに、当たり前だと思っていた身体の動きができない。

私の人生は終わった。大袈裟ですが、正直なところ、本当にそう思いました。

もう旅行にも行けないのか、スポーツは何ができるのか、仕事は今まで通り続けられるのか、自分に残されたのは何かと絶望感を抱きました。

幸い、初期の段階での治療開始だったため、薬で随分症状は落ち着いてきました。症状が出なくなる可能性に、希望も抱けるようになりました。ただ完治はないそうで、そう伝えられたことを、今は真摯に受け止めることしかできません。

いつか老いとともに、病気になるのかなとは漠然と思っていました。

本書の中で関わった方々の事例を書きながらさんざん注意喚起していた私ですが、我が身に起こるまでは、それはまだ「いつか」のことでした。でもその「いつか」は、すぐ傍にあることを知ったのです。まだ私は、不便ながら普通の生活を送ることができます。もし違う病なら……。きっと全てが紙一重なのでしょう。

まさかこんな「おわりに」になるとは、本書を書き始めた時には想像もしていませんでした。「タイミング良すぎるやろ」と関西人の私は自分でもつっこみたくなります（笑）。でもそれが人生なのだなと、改めて感じている毎日です。

人生の終わりは、いつ来るか誰にも分かりません。そして意思能力がなくなるのも、いつかは分かりません。だからこそ自分の人生を、生き抜かなければならないのです。自分で意思決定できなくなった時、その判断を誰に委ねるのか、備えておきましょう。間違いなく、私たちは皆が「おひとりさま」なのですから。

老後に困ると、もはや身動きできません。遅すぎるからです。私が気付かされたように、普通の生活が崩れる瞬間は「今」かもしれません。
備えるのに早すぎることはありません。
何度も言います。人は誰もが「おひとりさま」です。
少子高齢化の今後の日本では、備えていない者は、もう人の善意でサポートしてもらうことはできません。これを30番目のリスクとして最後にお伝えしたいと思います。この本を手にした今、考えて行動していきましょう。

最後に、私に書くチャンスを与えてくれたポプラ社の碇耕一さん、いつも支えてくれるアップルシード・エージェンシーの宮原陽介さん、編集でサポートしてくれた長谷川華さん、そして事務所スタッフ、私の周りにいてくれる全ての人に感謝しかありません。

死ぬ時のことを考えることは、どう生きるかを考えること。決して暗い話ではありません！　それぞれが満足する人生を生き抜けますように……。

２０２３年11月

太田垣　章子

太田垣 章子（おおたがき・あやこ）

司法書士、賃貸不動産経営管理士、合同会社あなたの隣り代表社員。

専業主婦であった30歳のときに、乳飲み子を抱えて離婚。シングルマザーとして6年にわたる極貧生活を経て、働きながら司法書士試験に合格。これまで延べ3000件近くの家賃滞納者の明け渡し訴訟手続きを受託してきた賃貸トラブル解決のパイオニア的存在。常に現場へ足を運び、滞納者の人生の仕切り直しをサポートするなど、家主の信頼を得るだけでなく滞納者からも慕われる異色の司法書士でもある。

住まいという観点から、「人生100年時代における家族に頼らないおひとりさまの終活」支援にも活動の場を広げている。

また、「現代ビジネス」をはじめ各種媒体に寄稿、「日経xwoman」のアンバサダーに就任、ラジオやAmeba primeに出演するなど、情報発信にも力を入れている。さらに、家主および不動産管理会社向けに「賃貸トラブル対策」や、おひとりさま・高齢者に向けて「終活」に関する講演も行い、会場は立ち見が出るほどの人気講師でもある。

著書に『2000人の大家さんを救った司法書士が教える 賃貸トラブルを防ぐ・解決する安心ガイド』（日本実業出版社）、『家賃滞納という貧困』『老後に住める家がない！』『不動産大異変』（すべてポプラ新書）、共著に『家族に頼らない おひとりさまの終活』（ビジネス教育出版社）、『死に方のダンドリ』（ポプラ新書）がある。

▶太田垣章子HP　http://www.ohtagaki.jp

■STAFF■ デザイン ………………… 穴田淳子（ア・モール デザイン室）
イラスト ………………… KAZMOIS
編集協力 …………… 長谷川華（はなぱんち）
著者エージェント ……… アップルシード・エージェンシー

あなたが独《ひと》りで倒れて困ること30

2023年11月6日　第1刷発行
2024年9月24日　第4刷

著　者　**太田垣 章子**

発行者　**加藤 裕樹**

編　集　**碇 耕一**

発行所　**株式会社ポプラ社**
〒141-8210　東京都品川区西五反田3-5-8
JR目黒MARCビル12階
一般書ホームページ　www.webasta.jp

印刷・製本　**中央精版印刷株式会社**

N.D.C.914/279p/19cm　ISBN978-4-591-17969-7